소프트웨어 벤처기업 평가론

소프트웨어업체의 경쟁력 평가

소프트웨어 벤처기업 평가론

소프트웨어업체의 경쟁력 평가

조 형 래 · 안 연 식 공저

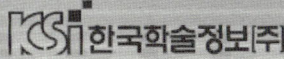한국학술정보㈜

▌책머리에

우리나라의 국제경쟁력 향상에 오랫동안 기여해왔고 앞으로도 기여해야 할 소프트웨어 기업 특히 소프트웨어 벤처기업의 발굴 및 육성은 쉽지 말아야 할 과제라고 본다. 그 이유는 여러 가지가 있겠지만 소프트웨어 벤처기업은 지식자본 또는 두뇌자본을 활용하는 무공해산업에 속하기 때문이며, 정보기술(IT) 부문의 핵심 영역을 차지하는 근간이 되기 때문이다.

이러한 관점에서 본 연구의 주제는 소프트웨어 벤처기업의 CEO와 종사자들은 경쟁력 있는 기업으로 살아남기 위해서 필요한 주제이며, 정부 및 관련 기관에서는 유망한 소프트웨어 벤처기업을 평가하여 발굴, 육성해야 할 주체로서 중요한 주제이다. 물론 연구자들은 많은 평가틀(framework)을 개발하여 실무에 적용할 수 있도록 제공해야 할 것이다.

본서는 이와 같은 주제를 다루고 있는 몇 안 되는 연구결과물이다. 소프트웨어 벤처기업의 경영자와 관리자들의 입장에서 필요한 과제인 소프트웨어 벤처기업이 살아나가야 할 방향을 제시하고 있으며, 과연 어떤 요소들이 벤처기업의 성과(performance)에 영향을 미치는지 실증연구의 결과를 살펴볼 수 있다.

또한 연구방법론에서도 그 내용적 측면을 보면, 먼저 연구모형에서는 균형점수기법(BSC; Balanced Scored Card)을 적용하였으며, 결과도출에서는 LISREL 구조방정식을 이용한 인과분석(因果分析)) 모형을 통해서 결과를 분석하였다. 유사한 분야가 아니더라도, 이와 같은 연구방법론을 적용할 연구자들에게도 부디 참고자료가 되길 바란다.

본서는 저자의 박사학위 논문을 기초로 한국학술정보(주)의 강력한 추천으로 펴내게 되었음을 밝혀두며, 편집 출간에 수고하신 관계자 여러분에게 사의를 표한다.

█ 목 차

▌표 목차

▋ 그림 차례

제1장 서 론

1.1. 연구배경 및 연구목적

1.1.1. 연구배경

최근 정보기술 분야에서 인터넷 관련 기업 및 소프트웨어 부문에서 이미 많은 벤처기업이 설립되어 있으며, 또한 창업이 계속 증가하고 있다. 2000년 한 해 동안 중소기업청에 등록된 벤처기업 중 인터넷을 비롯한 정보통신(IT), 소프트웨어 등을 포함한 서비스업종은 13,067개 업체로서 전체 창업업체 중 38%를 차지하고 있으며 제조업(24.2%), 도소매업(21.0%), 건설업(12.3%), 운수여행업(3.2%)과 기타(1.3%) 순으로 나타나고 있다.

이 중에서 소프트웨어 벤처기업은 소프트웨어 제품을 개발 및 판매하는 중소기업으로서, 새로운 제품에 대한 연구개발 투자가 수반되어야 하며 그 수요자그룹인 외부 환경의 변화에 대응해야 하는 기술중심의 벤처 업종에 속한다. 따라서 첨단의 기술인력 중심으로 신기술 및 제품 개발을 통해 부가가치를 창출함으로써, 특히 인력자원의 활용을 통해 경제위기를 탈출해야 하는 우리나라의 현실에서는 새로운 일자리 창출 등 국가적 경쟁력 확보에 유망한 분야로 인식되고 있다.

특히 정보통신 분야의 벤처기업 중에서 소프트웨어 벤처기업은 비즈니스를 지원하는 서비스 특성과 더불어 하드웨어 제품과 유사한 제품의 공급이 요구되는 일반 제조업종에 분류되어야 할 만큼, 기술과 비즈니스가 결합되어야 하는 업종이다. 과거와 달리 소프트웨어가 하드웨어에 대한 종속성 개념이나, 소프트웨어 자체의 가치 인식이 많이 변화되고 있기 때문에 국내 기업의 정보화는 물론 세계로 수출 제품의 발굴도 전망되고 있다. 그러나 모든 벤처기업이 기술혁신과 신제품개발에서 경쟁력을 보유하는 것은 아니기 때문에, 생존능력 및 성장가능성의 관점에서 성과를 낼 수 있는 벤처기업의 발굴 및 육성이 중요한 국가적 과제가 되고 있다. 예를 들면, 일부 벤처기업 중에는 벤처요건이 미달되거나, 휴·폐업 및 부도업체로 판명되는 업체 그리고 기업의 소재가 불명확한 업체 등이 발견되어 정부에서 지정한 벤처기업의 등록이 취소되는 등 벤처기업의 발굴 및 지원과정에서 벤처기업의 평가 문제가 벤처기업의 관리상 중요한 정책적 과제로 인식되고 있다.

특히 벤처기업은 영세한 규모의 기업으로서 특히 소프트웨어 벤처기업은 소수의 우수한 기술인력에 의해 탄생되어 기업활동이 유지되기 때문에 이들이 중견기업으로 성장하기 위해서는 우수한 제품 개발에 대한 정책적 지원이 더욱 중요하며, 이를 위해서는 벤처기업의 성과에 대한 전문적이고 객관적인 평가가 전제되어야 한다. 그럼에도 불구하고 소프트웨어 벤처기업이 갖고 있는 기술력이나 성장 잠재력 그리고 경영전략의 우수성 등이 제대로 평가받지 못함으로써, 정부나 공공기관에서 이들 벤처기업에 대한 정책적 지원의 계획 및 실행이 어려울 뿐만 아니라 이들 기업에 일반인의 투자나 전문 벤처 관련 금융기관에서의 자금지원이 기업성과와 밀접하게 연계되어 이루어지지 못하고 있는 실정이다.

1.1.2. 연구목적

본 연구에서는 소프트웨어 제품개발 및 공급을 주요 목적으로 하는 이른바 소프트웨어 벤처기업의 성과요인이 무엇인지를 실증한다. 기존의 연구에서는 우선 연구대상을 전반적인 업종을 대상으로 하거나 정보통신 관련 업종까지를 포괄하고 있으며, 또한 창업인의 특성 등을 비롯하여 특수한 성과영역 및 성과요인이 성과에 미치는 영향을 규명하거나, 단일 기술 및 기업을 대상으로 가치 또는 능력수준의 평가사례들이 존재한다.

그러나 본 연구에서는 연구대상으로서 업종으로는 정보통신 업종의 특수한 영역에 속하는 소프트웨어 벤처기업을 대상으로 하며, 이들 벤처기업의 성과에 영향을 주는 제 성과요인들을 도출하고 이러한 요인들이 벤처기업의 성과에 미치는 인과적 영향의 정도를 파악하기 위한 것이다. 기존의 연구에서는 성과요인과 성과 사이의 관계규명을 위해 상관모형 또는 회귀모형에 의한 분석이 적용되고 있으나, 한걸음 진전하여 성과에 유의한 영향을 미치는 요인들에 대한 인과적 관계성이 검증되어야 할 것이다.

또한 벤처기업의 성과를 평가할 때, 기존의 많은 연구에서 고려하는 재무성과를 포함할 뿐만 아니라 고객관점, 내부프로세스관점, 그리고 학습 및 혁신관점의 성과 등 균형점수(Balanced Scorecard)기법에서 제시하는 4가지 영역을 모두 고려하는 종합성과의 개념에서 분석한다. 이것은 소프트웨어 벤처기업이 무형의 지적 자산에 기반한 제품의 특성 및 기술력과 성장 잠재력을 높게 평가해야 함에도 가시적으로 계량화 가능한 수치 즉 재무적 측면을 중요시하는 일반적인 평가기준을 적용하고 있는 문제점에 대한 대안으로서, 보다 종합적이고 다양한 측면을 평가할 뿐 아니라 미래지향적인 관점에서의 성과평가의 타당성을 제시하기 위한 것이다.

1.2. 연구의 구성

본 연구는 다음 〈그림 1-1〉의 연구의 개요에서와 같이 총 7개의 장으로 구성된다.

제2장의 선행연구에서는 일반적인 벤처기업을 대상으로 한 성과측정 및 평가에 관련한 기존의 연구 및 사례들을 유형화하여 정리한다. 대체로 그 유형은 첫째로, 특정의 성과요인들이 개별적으로 성과와 관련 있는지 파악하는 연구 둘째로, 성과요인들을 그 개념적 특성과 관련성에 따라 성과영역의 차원으로 분류 및 파악하는 연구 셋째로, 벤처기업의 성장단계별 성

공전략의 도출에 관련된 연구 그리고 벤처기업의 성과를 특정 기준에 의해
평가하는 사례로 분류하였다. 이를 바탕으로 벤처기업의 성과요인을 종합
적으로 정리하며, 벤처기업의 성과측정에 관련된 최근의 흐름을 요약한다.

제3장에서는 소프트웨어 벤처기업의 특성과 소프트웨어 제품 및 개발
프로세스의 특성과 이를 평가하기 위한 기법을 정리하며, 소프트웨어 벤처
기업의 성과평가에 균형점수기법의 적용 가능성을 파악한다.

제4장의 연구모형에서는 본 연구에서 접근하고자 하는 연구모형의 틀과
성과요인들을 정의하며, 이에 따른 인과모형의 후보들을 설정한다. 성과요인
은 비즈니스와 기술 및 전략과 자원의 분류틀에 의한 4개 영역으로 분류한
13개 요인을 설정하며, 기업의 성과는 균형점수 기법에서 제시하는 고객, 재
무, 비즈니스프로세스, 학습 및 혁신의 관점 등 4개 관점에서 설정한다.

16

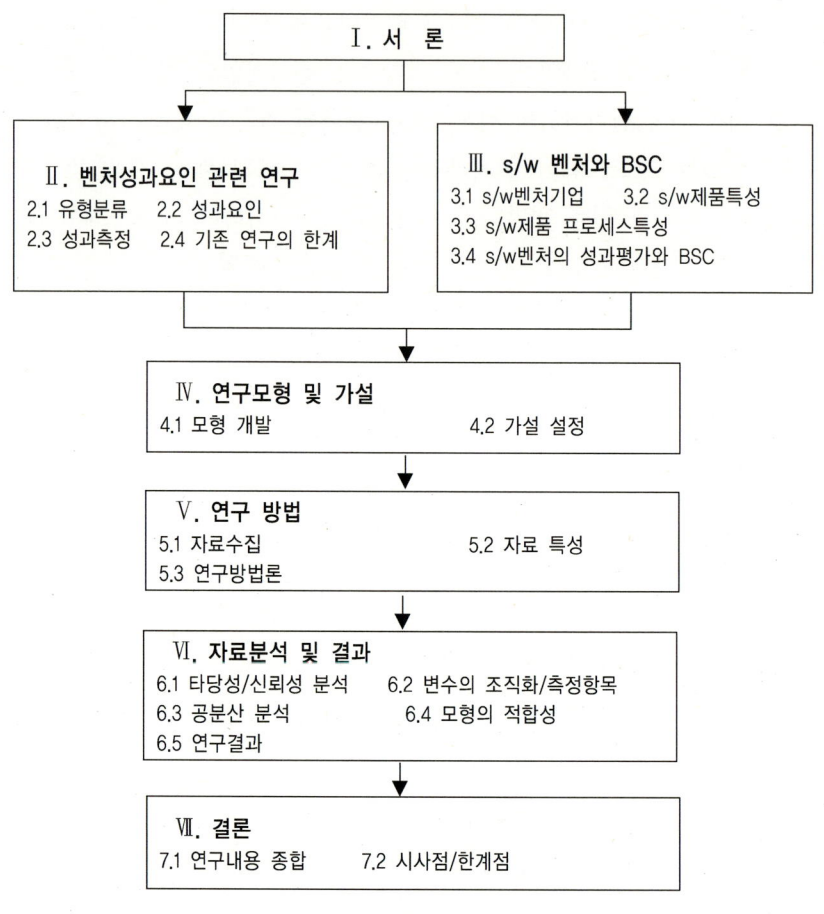

<그림 1-1> 연구의 개요

　　제5장에서는 자료의 수집 및 수집된 자료의 일반적인 특성을 정리하며, 이 자료를 활용하여 모형의 검증 및 적합성을 평가하기 위한 연구방법 등을 설명한다.

　　제6장에서는 자료 분석 및 처리과정을 설명하되 요인분석 및 신뢰성 분석과 공분산구조 모형의 분석과정의 순서로 설명하고 그 결과를 정리한다.

　　제7장에서는 연구내용을 결론적으로 종합하여 약술하며, 연구에서 주는 시사점 및 한계점이 연구관점과 실무관점으로 나누어서 제시된다.

제2장 벤처기업의 성과평가 관련 연구

2.1. 관련 연구의 유형분류

소프트웨어 벤처기업의 성과평가와 관련된 기존의 연구들을 분석하면 첫째, 단일 또는 다중의 기업특성요소와 기업성과와의 상관관계를 파악하는 연구가 있으며 둘째 유형으로, 벤처기업의 단계별 성공요인이나 전략을 파악하는 연구가 있다. 셋째로는 벤처기업의 성장단계별 성공전략을 제시한 연구가 있으며, 마지막으로 벤처기업의 기술력, 경영능력 등을 평가하여, 기업합병이나 인수를 목적으로 기업의 자산가치를 산정하거나 국내에서 벤처기업 평가 및 인증을 통해 자금지원 등의 정책수립을 위해 적용한 실무사례가 있다.

2.1.1. 벤처기업의 성공요인에 관한 연구

벤처기업의 성과요인에 관한 첫 번째 연구 유형으로는 성공요인들을 특정의 영역으로 분류하는 데 초점을 두기보다는 주로 벤처기업의 고유 특성요인과 성과 간의 관계를 단일차원의 함수관계로서 파악하는 연구들이다. 여기서 주로 다루어지는 핵심성공요인(Critical Success Factor)은 기업이 속한 산업 내에서 지속적으로 생존하고 번영하기 위해 가장 중요한 요소들 또는 기업 혹은 단위산업 영역의 존재목적을 달성하고 목표시장에서 만족할 만한 성과를 거둘 수 있도록 하는 요소 및 요구조건들로서 정의되며, 연구자들이 벤처기업의 핵심성공요인으로서 상대적으로 많이 다루어온 특성은 창업인특성(entrepreneurship), 제품 특성 등이다.

예로서 일본의 컴퓨터 관련 벤처기업의 성공요인 도출에 관한 연구

(Abetti, 1997)에서는 광범위한 리더십을 달성할 수 있는 잠재력, 혁신을 통한 시장 세분화, 잘 정의된 목표하에 전략의 집중과 장기적 비전, 열정적인 추진력과 조직의 유연성, 숨어있는 혁신자보다 비전을 실행하기 위한 실행자, 그리고 도전자의 활동 등이 제시되었다.

〈표 2-1〉 벤처기업의 성공요인에 관한 연구 사례

연구자	연구대상	주요 성공요인
Abetti (1997)	일본의 컴퓨터 관련 벤처	① 광범위한 리더십을 달성할 수 있는 잠재력 ② 혁신을 통한 시장 세분화 ③ 잘 정의된 목표하에 전략의 집중과 장기적 비전 ④ 열정적인 추진력과 조직의 유연성 ⑤ 숨어있는 혁신자보다 비전을 실행하기 위한 실행자, 도전자의 활동
Macmillan (1987)	67개 벤처캐피탈에서 150개 사업을 분석하여 지원벤처 선정시 결정요인 파악	① 기업가 및 팀: 조직 지속력과 능력, 위험감수, 시장파악, 벤처개념 인식 ② 제품/서비스: 첨단기술, 사업계획, 시장의 매력(appeal) ③ 시장: 경쟁관계, 목표시장의 성장률 ④ 재무: 5년 이내 회수능력 ⑤ 성과: 투자수익률(Return On Investment), 시장점유율
Park & Mailie (1982)	벤처기업의 실증적 평가	① 제품: 제품성능, 판매성, 방어성 ② 회사/기업가능력: 마케팅, 기술능력, 생산능력(개인특성, 기업경영의 노하우 등) ③ 환경: 시장구조 특성, 경쟁도, 공급자, 정부정책 ④ 벤처사업: 지원도, 투자, 전략
Sykes (1986)	19개 사내, 18개 벤처캐피탈 기업	① 내부요인(기업가와 제품): 창업자의 경험과 경영문제, 제품 관련 시장이나 기술위험 ② 외부요인(투자자와 벤처기업): 자금과 관련된 환경요인
Chandler (1994)	펜실베니아주의 49개 벤처 기업	① 시장매력도 ② 자원기반 능력 ③ 자원기반 능력과 전략의 적합성
조형래 (1995)	벤처캐피탈의 지원 48개 벤처기업	① 벤처기업인의 심리특성: 내향성과 성취욕구, 모호함에 대한 인내 ② 벤처기업인의 경력특성: 학력, 유사경험, 제품 관련성, 유사사업경험 ③ 벤처기업인의 행태특성: 위험인식 및 대처 정도, 제품에 대한 기지성

또한 벤처기업의 성과와 창업인의 기업가정신(entrepreneurship)과의 함수관계를 가정하고 창업인의 경력, 학력, 가족배경 등 어느 요인이 성과와 정(+) 또는 부(-)의 관련이 있는지 파악하는 연구 등이 이러한 유형의 연구에 포함될 수 있다. 우리나라의 벤처기업을 대상으로 한 한 연구에서는 벤처기업인의 특성과 기업성과의 함수관계를 파악한 연구에서는 벤처기업인의 심리특성으로 내향성과 성취욕구(need for achievement), 모호함에 대한 인내(tolerance for ambiguity)가 유의한 성공요인이었으며, 벤처기업인의 경력특성 중에서 학력, 유사경험, 제품 관련성, 유사사업경험 등이 그리고 벤처기업인의 행태특성으로서 위험인식 및 대처 정도, 제품에 대한 기지성(旣知性) 등이 제시되었다.

이러한 유형의 연구 사례를 정리하여 나타내면 〈표 2-1〉과 같으며 대체적으로 창업가의 능력과 조직, 전략요인, 제품요인, 시장환경 그리고 보유자원 요인 등을 중심으로 한 영역별로 세부적인 성공요인을 분석하고 있으며, 고객지향의 서비스 및 제품의 공급과 경쟁우위의 확보 등이 성공요인의 근인(根因)으로 제시되고 있다.

2.1.2. 벤처기업의 성공요인의 차원분석 연구

기존 연구들의 유형으로서 벤처기업에 관한 복수의 성공요인에 대한 차원이나 관계구조를 파악하는 수준의 연구유형이 있다. 이러한 관점은 벤처기업의 성공요인을 창업인 개인특성 중심의 속성접근법(attribute perspectives)에서 벤처기업의 조직행위 접근법(firm-behavior perspective)으로 변화되면서 나타난 연구경향(Covin & Slevin, 1991; Zahra, 1996)의 부류를 의미한다.

예를 들면 Sandberg와 Hofer(1987)는 5개의 벤처캐피탈회사로부터 17개의 성공한 기업과 실패한 기업을 대상으로 벤처기업의 성공요인을 창업가, 전략, 산업구조의 세 가지 차원으로 분류하고, 벤처투자가를 대상으로 한

조사에서 산업구조와 전략이 각각 그리고 서로 결합하여 벤처기업의 성과에 영향을 미친다고 주장하였다.

이러한 사례를 정리하면 〈표 2-2〉와 같으며, 주요한 성과의 차원으로는 창업가, 산업구조, 전략, 자원, 조직, 환경 등으로 요약된다.

또한 Feeser와 Willard(1989)의 연구에서는 산업구조와 전략이 벤처기업의 성과에 영향을 준다는 사실을 밝혔으며, Keeley와 Roure(1990) 등의 연구에서는 산업구조, 전략, 기업의 자원과 능력 수준 등과 벤처기업의 성과에 유의한 영향을 주는 요인을 규명하였다. 또한 Chrisman et al.(1998)의 연구에서는 창업 벤처기업과 이미 기반을 다진 중견기업의 성과요인 사이에는 차이가 거의 없음을 보여주었으며, 이러한 성과요인들은 강조되는 영역을 결합하여 다양한 차원에서 평가할 수 있음을 제시하였다. 특히 이 연구에서는 성과평가의 차원을 기업가(E; Entrepreneurship), 산업구조(IS; Industry Structure), 비즈니스전략(BS; Business Strategy), 자원(R; Resource)과 조직구조(OS; Organization Structure, Systems and Process) 등 5가지 영역으로 분류하고 벤처기업의 성과를 f = (E, IS, BS, R, OS, IS*BS) 함수로 파악하고 있다.

22

〈표 2-2〉 벤처기업 성공요인의 차원에 관한 연구 사례

연구사례	성공요인의 차원					
	창업가 (E)	산업구조 (IS)	전략 (BS)	자원 (R)	조직 (OS)	환경 (EV)
Davidsson(1991), Dubini(1989), Herron(1990), Keeley & Roure, Sandberg & Hofer(1987)	✓	✓	✓			
Chaganti, Chaganti & Mahajan(1989); Copper, Willard & Woo(1986), Covin & Covin(1990), McDougall(1987), Romanelli(1989), Feeser& Willard-(1989)		✓	✓			
Reynolds(1987), Keeley & Roure(1990)		✓	✓	✓	✓	
Miller & Tourlouse(1986), Stuart & Abetti(1987), Chrisman(1998)	✓	✓	✓	✓	✓	
Bourgeois & Eisenhardt(1988), Covin & Slevin(1990), Covin, Slevin & Covin(1990), McDougall(1992)		✓	✓		✓	
Zahra(1996)			✓		✓	✓
Boardman, Bartley & Ratliff(1981), Gales(1990)				✓	✓	
Carsrud, Olm & Tomas(1989), Cuba & Milbourn(1982), Cuba, Decenzo & Anish(1983), Montagno, Kuratko & Scarcella(1986), Small, Gannon, Grimm & Mitchell(1988), Stuart & Abetti(1990)	✓				✓	
Cooper & Bruno(1977), Copper, Woo & Dun-kelberg(1989)	✓			✓		
Mansfield(1962), Venkataraman, Van de Ven, Buckeye & Hudson(1990)		✓		✓		
Van de Ven, Hudson & Schroeder(1984)	✓		✓	✓	✓	
Eisenhardt & Schoonhoven(1990), MacMillan, Zeman & Subbanarasimha(1987)	✓	✓	✓	✓		
Hunsdiek(1985/86)			✓	✓		
Randolph, Sapienza & Watson(1991), Robinson, Salem, Logan & Pearce(1986), Roure & Madique, 1986; Sapienza(1992)			✓		✓	
Smallbone(1990)	✓	✓		✓		
Bamford, Dean & McDougall(1996)			✓	✓		✓
이장우(1998)	✓	✓	✓		✓	

(출처: Charistman et al., 1998; 수정보완)

이와 유사하게 McDougall et al.(1992)은 벤처기업의 성과를 창업형태 (origin), 산업구조, 벤처전략 그리고 산업구조와 벤처전략의 상호작용이라 는 f＝(O, IS, S, IS*S)로 표현되는 함수관계로 파악하고 있으며, 이 밖에 Zahra(1996)는 벤처기업의 성과에 미치는 주요요인들을 크게 세 가지로 나누었다. 첫째는 환경(EV: Environment)의 특징으로 산업구조, 시장환 경, 경쟁환경 등을 포함하는 미시적 환경과 경제변화, 정치적 변화 등 거시 적 환경이며, 둘째는 벤처기업의 전략(BS)으로서 전략의 범위, 경쟁적 무 기, 시장세분화, 차별화 등을 포함하는 경쟁전략과, 셋째는 조직적 특성 (OS)으로서 조직의 기능적 능력, 기업가의 심리적 및 배경특성, 조직 특성, 벤처기업의 성장단계 등으로 분류하고 있다.

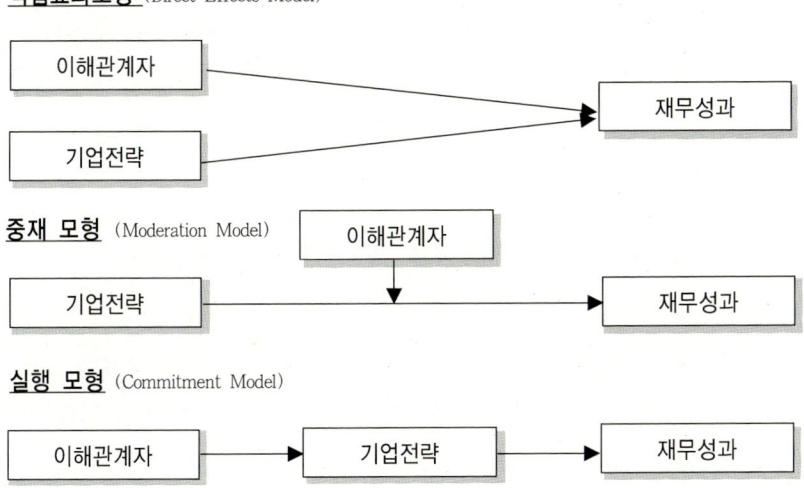

직접효과모형 (Direct Effects Model)

이해관계자

기업전략

재무성과

중재 모형 (Moderation Model)

이해관계자

기업전략

재무성과

실행 모형 (Commitment Model)

이해관계자

기업전략

재무성과

(출전: Berman, et al., 1999)

〈그림 2-1〉 벤처기업의 성과특성과 성과와의 관계분류 유형

Baum(1995)의 연구에서도 벤처기업의 성과는 창업인 특성, 경영능력, 동기, 전략, 조직구조 그리고 산업구조의 요인에 의해 영향을 받는다고 보았으며, LISREL(Linear Structural Relationships)을 이용한 연구결과 ① CEO의 사업관련 능력 ②성공을 위한 CEO의 동기와 성공에 대한 믿음 ③ 품질 그리고 마케팅 전략 등 3가지 요인이 성과에 직접적 영향을 미치는 것으로, 조직구조와 산업구조는 성과에 유의한 영향을 미치지 않는 것으로 나타났다.

이러한 부류들의 연구에서 도입하고 있는 연구틀은 다시 〈그림 2-1〉에서와 같이 세 가지 범주로 유형화될 수 있다(Berman, et al., 1999). 즉 첫째로는 복수개 요인의 집합인 요인영역과 성과와의 직접적인 관계를 파악하는 연구모형(direct effects model)들과 둘째, 상황요인들을 도입하여 매개변수들과의 관계를 고려한 연구모형(moderation model) 셋째, 선행요인과 이의 영향을 받는 이차적 요인 그리고 이들이 최종적으로 성과에 미치는 영향의 차원에서 제시된 연구모형(commitment model) 등으로 파악할 수 있다.

2.1.3. 벤처기업의 성장단계별 성공전략에 관한 연구

벤처기업의 성장단계별 성공전략에 관한 연구에서는 벤처기업의 창업 이후의 성장단계의 변화에 따른 기업특성을 도출하고, 각 단계별 성과차이를 분석하고 특성별 상대적 중요도를 활용하여 성공전략으로 제시하고 있다.

가. 벤처기업의 성장단계

Utterback & Abernathy(1975)는 선진국의 특정산업이나 기업에서 나타나는 기술발전 경로(technological trajectory)를 유동기(fluid), 이전기(transition)와 경화기(specific)로 구분한다. 여기서 유동기는 지배제품(dominant design)이 생기기 이전으로 새로운 제품기술의 개발이 주류를 형성하고, 지배제품이 형성되지 않았기 때문에 공정기술의 진보가 더딘 단계를 말하며, 이전기는 지배제품은 형성되었으나 제품의 표준화가 달성되기 이전의 단계로서 점차 공정기술의 개발이 중요해지는 단계이다. 또한 경화기에는 제품이 완전히 표준화되기 때문에 생산의 효율성을 증대시키기 위한 개선과 종종 혁신적인 기술의 변화가 도입되는 단계를 말한다. 또한 Bell(1996)의 연구에서는 하이테크 벤처기업의 성장단계를 4단계로 구분하고 사업계획, 마케팅, 판매, 자금조달, 기술 및 엔지니어링, 제품 등 12개 분야의 성장단계별 중요도가 변화된다는 사실을 강조하고 있다. 이처럼 벤처기업의 성장단계에 의한 특징에 따라 성공전략 및 요인이 차별화된다.

소프트웨어벤처기업도 제품개발을 통해 성장하는 일련의 과정을 거치는 기술 및 연구개발이 강조되는 제조업의 부류에 속하기 때문에, 일반적인 벤처기업에서와 같이 프로젝트나 기술개발 과정을 거쳐서 기술집약적 중소기업에서 안정적인 기업으로 성장하게 된다. 다수의 벤처기업을 대상으로 한 연구에서는 이러한 벤처기업의 성장단계에 따라 기업의 내·외부 특성이 다르게 나타나는 점을 고려해야 한다. 기술집약형 신생기업(technology-based new ventures)에 적용되는 이론적 성장단계모형을 제시한 Kazanjian & Drazin-(1990)의 연구에서는 먼저 2개 기업의 사례를 통하여 구분한 성장단계를 105개 기업을 대상으로 실증적으로 분석하였는데 첫째, 개념화 및 개발단계와 둘째, 상업화단계 셋째, 성장단계 마지막으로 안정단계 등으로 구분되었다.

특히 본 연구와 관련된 소프트웨어회사(교육용)를 대상으로 한 Ven de Ven 등(1984)의 성과에 영향을 주는 요인에 관한 연구에서 도입한 벤처기업의 성장단계 모형에서는 연구대상의 기업연혁과 벤처기업의 수행과정을 면밀히 조사한 결과 5가지의 구분된 단계를 밟는다고 주장하였다. 첫째 창업준비 또는 사업형성(gestation stage)단계에서는 창업인이 창업의 기반이 되는 기술과 경험을 쌓고 습득하는 단계로서, 대부분 창업 이전 직장에서 경험을 쌓는 기간을 말한다. 이들의 연구결과 이 기간의 범위는 0~18년으로, 평균 약 5.4년 정도인 것으로 나타났다. 둘째, 계획단계(panning stage)

에서는 창업인이 기업의 가동에 필요한 여러 가지 결정을 내리고 행동하는 시점에서 실제 기업이 가동되는 시점까지를 말하며, 이 기간의 범위는 1~16주로서 평균 약 2개월인 것으로 나타났다. 셋째, 계약용역단계(contract services stage)에서는 실제의 영업이 개시되어 기업들이 발주자로부터 용역을 수주하는 단계이다. 넷째, 첫제품 또는 자사제품단계(proprietary products stage)는 보통 개업 후 약 28개월이 지나는 것으로 밝혀졌다. 다섯째, 다제품단계(multiproducts stage)는 주로 기존의 자사제품과 관련된 제2, 제3의 제품을 개발하는 단계를 말한다. 이 연구의 결론은 이러한 단계가 순차적으로 발생하지만 기업의 업력(業歷)과는 관계가 없으며, 기업의 성과와 매우 깊은 관련이 있어서 성과가 낮은 기업들은 초기단계에 머무르는 반면 성과가 높은 기업들은 후반단계까지 진행된다는 사실이다.

그 밖에 벤처기업의 성장단계에 대한 주요 연구를 정리하면 다음 〈표 2-3〉과 같다.

〈표 2-3〉 벤처기업의 성장단계 관련 연구사례

연구자	성장 단계								비 고
Van de Ven (1984)	창업준비 (gestation)		계획 (planning)		계약용역 (Contract Service)	첫제품 (Proprietary Products)		다제품 (Multiproducts)	14개 교육용S/W 기업대상 분류
Kazanjian (1990)	개념화/개발 (conception/develop ment)		상업화 (Commercialization)			성장 (Growth)		안정화 (stability)	성장과정에서 나타나는 주요문제점에 의한 분류
Ruhnka(1987)	씨앗단계 (seed)		창업단계 (start-up)		성장단계 (second)	확장단계 (third)		회수단계 (exit)	위험성에 의한 분류
Webster(1977)	준비단계 (preventure)	조직단계 (organization)	재정적 위기단계 (Financial Jeopardy)		제품도입단계 (Product Introduction)	확장단계 (Rapacity)		결과단계 (Outcome)	독립적인 창업인에 의한 성장단계
OECD(1996)	R&D		Start-up		Early Growth	Accelerating Growth	Sustaining Growth	Maturity	생명주기에 따른 분류
Bell(1996)	개념정립기		발아기		제품개발기		시장개발기		하이텍벤처기업 대상
조관행(1995)	연구개발		창업		성장	확장		성숙	기업의 생명주기에 의한 분류
중소기업공단	도입기		급성장기		성장전기		성장후기		제품생산에 의한 분류

(자료원: 강신헌, 1999, p.19: 재인용 및 참조보완)

나. 성장단계별 성공전략

Ruhnka & Young(1987)는 벤처캐피탈에 대한 설문조사를 통해 벤처기업이 초기단계일수록 위험성이 높고, 성장함에 따라 실패의 위험이 급격히 줄고 있음을 밝혔다.

벤처기업의 성장단계별로 성과측정 지표가 달라져야 한다는 연구결과도 제시된다. Kazanjian & Drazin(1990)은 벤처기업의 각 발전단계마다 대처할 수 있는 각각의 기능과 능력이 요구된다는 점을 제시하였으며, Zahra(1996)는 그가 분류한 제품개념·신제품 개발단계에서는 개발과정의 소유주가 지각하는 만족도, 상업화단계에서는 브랜드인지도와 주문창출, 성장단계에서는 시장성장률, 현금흐름, 수익성을 마지막 안정화단계에서는 수익성, 시장점유율, 생산성, 내부적 효율 등의 측정변수를 제시하였다.

2.1.4. 벤처기업에 대한 평가사례

벤처기업의 기술이나 기업자체의 능력수준을 평가하는 사례에서 가치평가에 의한 성과요인을 파악할 수 있다. 단위기술 수준에서는 무형 자산(intangible assets)인 기술이나 제품 아이디어를 정당한 절차에 의해 사고 팔 수 있도록 하기 위해 이른바 〈기술거래〉제도를 통해 기업능력을 직접, 간접적으로 평가하는 예가 있다. 예를 들어 미국 NTTC(national technology transfer center)에서는 기술적 장점(technical merit), 독점적 위치(proprietary position), 경쟁환경(competitive environment), 시장매력도(market attractiveness), 기술적 장벽(technical hurdles), 제작가능성(manufactureability), 법적 고려사항(regulatory issues), 시장진입시기(time to market), 조직적 요구(organizational needs), ROI(Return On Investment)와 같은 평가영역에 따라 세부 평가항목을 두고 있다(National Technology Transfer Center, 1997). 예컨대 기술적 장점 영역에서는 신규성(novelty),

기술적 내용, 역공학, 개발단계, 복잡도, 적용범위 등을 세부 평가항목으로 설정하여 각 10점 만점으로 평가하고 있다.

우리나라에서는 중소기업청에서 한국과학기술원 신기술창업지원단 기술경쟁력평가센터를 통해서 개발된 〈기술경쟁력인증 평가〉모형이 있는데, 〈표 2-4〉 중소기업의 기업경쟁력 평가모형에서의 평가영역에서 보는 바와 같이 개별기술을 평가하기 위한 54문항의 평가항목과, 개별 중소기업의 전반적인 기술경쟁력을 평가하기 위한 70문항의 평가항목을 활용한 바 있다 (중소기업청, 1998 & 1999).

이 평가모형에 의해서 기술경쟁력평가를 희망한 1,094(소프트웨어 업체 60개 포함)개의 중소기업체를 대상으로 개별기술 수준이 70점 이상인 업체로서 기술경쟁력수준이 상위 20% 이상인 업체를 우수기술력 업체로 선정하였고, 소프트웨어 업체의 기술력 평가에서는 일반 중소기업의 생산화능력 평가항목 대신 사용환경과의 호환성, 소프트웨어의 기술성, 기술의 시장연계성과 고객지원성 등에 관련된 11개 문항을 설정하여 총 55문항으로 평가하였다.

〈표 2-4〉 중소기업의 기업경쟁력 평가모형에서의 평가영역

중소기업 기술경쟁력 평가	소프트웨어업체 기술력평가모형
기술개발능력 (22문항/300점)	좌동
제품화능력 (15문항/150점)	좌동
생산화능력 (26문항/250점)	사용환경과의 호환성(2/20)
	소프트웨어의 기술성(4/100)
	기술의 시장연계성(3/110)
	고객지원성(2/20)
기술경쟁력 성과 (22문항/300)점	좌동
총계 (70문항/1,000점)	총계 (55문항/1,000점)

(자료원: 중소기업청, 1998 & 1999)

또한 정보통신부에서도 정보화촉진기본법 제17조에 따라 소프트웨어 및 데이터베이스를 포함한 5개 분야에서 유망중소정보통신기업을 선정하고 있다. 이러한 선정에서 사용하고 있는 기준에서는 대체로 기술성(技術性)과 경영성(經營性)으로(기술신용보증기금, 1999), 각각에 대한 가중치를 두어 종합평가하고 있다. 이때 기술평가에 적용되는 항목은 기술개발투자 및 기술교육훈련실적, 기술개발 전담인원 및 기술개발 전담부서 설치운영 상태, 산업재산권, 정보통신 분야 규격획득, 신기술 인증 및 기술개발 관련 수상실적, 기본 연구개발 장비운영, 품질관리 부서 운영, 생산시설 및 공정, 기업 내 전산화, 외부 데이터뱅크(data bank)가입 및 활용여부, 육성품목 기술개발 및 경영자의 기술개발 의욕, 기타 기업의 기술력 평가에 필요한 사항이며, 경영평가는 성장성, 수익성, 활동성, 안정성 등 재무상태와 경영성과를 고려하고 있다(이영덕, 1999).

이 밖에도 벤처기업의 금융지원기관인 기술신용보증기금에서는 대출심사 기준의 평가표에서 주로 시장규모, 시장성격, 경쟁상황, 품질경쟁력 등의 사업성 영역(20점)과, 판매계획의 타당성, 사업진척도 등 사업계획의 타당성 영역(40점), 기술경쟁력, 기술의 활용도, 난이도, 기술개발환경 등 기술성 영역(20점), 경험수준, 경영자의 자질, 경영관리 능력 등 사업수행능력 영역(20점) 등으로 나누어 평가하고 있다(박종오, 1999a & 1999b). 특히 기술성의 평가를 위해서 경영주의 기술능력, 기업의 기술수준, 기술이나 제품의 시장성과 수익성을 위주로 평가하고 있다. 마찬가지로 또 다른 모 벤처금융기관에서도 사업수행능력, 기술성, 사업성을 각 20점으로, 사업계획 타당성을 40점 만점으로 평가한다. 사업수행능력은 다시 경험수준, 창업준비상태, 경영자의 자질, 경영관리 능력을 평가항목으로 평가하며, 기술성은 기술경쟁력, 기술의 활용도, 기술의 난이도, 기술개발 환경 평가항목으로, 사업성은 시장규모, 시장성격, 경쟁상황, 품질경쟁력 평가항목으로, 사업계획 타당성은 사업진척도, 판매계획의 타당성, 자금조달 운영상태, 개발비용 회수가능성, 추진일정의 적정성, 고용효과, 산업효과 등의 평가항목으로서 평가항목당 각 5점으로 평가한다.

이와 같은 평가기준은 각 평가기관의 활용목적에 따라 차원과 세부항목의 차이가 존재한다는 점과 기술의 종류, 규모, 성격, 분야, 완성도 및 수명주기 등의 파악과 해당 기술의 미래효과 예측이 어렵고, 시간이 지남에 따라 기술의 진부함에 따른 감가상각 반영 필요성과 감가 정도 예측이 어렵기 때문에 평가항목과 가중치 설정이 어려운 과제로 인식되고 있다.

2.2. 기존 연구에서의 성과요인

기존 연구에서 벤처기업의 성과에 영향을 미치는 요인들로 제시된 성과변수를 분류해보면 다음과 같이 크게 벤처기업 창업가, 기업 전략, 조직, 기업환경, 산업구조 등으로 나누어볼 수 있다.

2.2.1. 벤처기업의 창업가

벤처기업에 관한 연구 특히 벤처기업의 성과와 관련하여 초기에는 주로 창업가의 특성에 관한 연구가 주류를 이루었다. 또한 벤처투자자들도 벤처기업의 성과에 가장 중요한 영향을 미치는 요인으로 창업가를 고려한다 (Herron & Robinson, 1993). 그리고 창업가의 배경특성으로는 경력, 경험, 기술력 그리고 모험정신(entrepreneurship)과(Sexton & Bowman, 1985) 심리적 특성, 행태적 특성(조형래, 1995) 및 동기적 특성(이장우 외, 1996) 등이 기업의 성공요인으로 제시된 바 있다. 이와 같이 이후에 벤처기업의 성과를 연구한 많은 연구에서 창업가는 벤처기업의 성과에 영향을 주는 요인 중 하나로 간주되었다(Van de Ven et al., 1984).

〈표 2-5〉 벤처기업의 창업가에 대한 주요 실증연구 사례

연구자	연구대상	주요 연구결과
Van de Ven(1984)	14개 교육용 소프트 웨어기업	-기업가의 교육정도와 경험, 위험감소를 위한 내부 통제, 분명한 사업아이디어, 자신감, 능력이 성공에 영향을 미치는 요인이며 성장의 초기단계와 후기단계를 구분하는 핵심적 특징요소임
Miller et al.(1982)	중소기업	-최고경영자의 통제위치가 실질 매출액 증가율과 상관관계 있음 -동태적 환경에서 운영되는 기업의 통제위치와 상대적 수익성, 상대적 및 실질적 매출액 증가와 상관관계 있음
Stuart & Abetti(1987)	신생기업	-성과에 창업경험이 중요하며, 기업가의 교육수준은 오히려 성과와 역의 관계를 보임 -창업경험 이외의 창업인 특성은 성과와 무관
Cooper & Dunkleberg(1987)	중소기업 창업자 890명	-66% 이상이 고등학교 이상의 교육을 받음 -창업인의 교육수준과 성과는 양의 상관관계 -경영노하우는 생존과, 파트너 수는 성장과 상관관계
Begley & Boyd(1987)	147명의 창업가와 92명의 비창업 임원	-창업가와 비창업가를 구별하는 속성은 성취욕구, 위험 감수능력, 모호성 감수능력 -통제와 위험 감수능력은 비재무적 성과에 긍정적 영향을, 재무적 성과와는 부정적 관계
Wright et al.(1997)	벤처캐피탈	-벤처기업과 자금지원 재계약시 소유경험, 관리경험, 교육, 지식, 나이, 동기부여 등이 요인 -소유경험, 관리경험, 동기부여를 더욱 중요시
Chandler & Jansen(1992)	창업가의 능력	-창업가의 능력을 기업가적 능력(기회인식, 열정), 관리적 능력(인간적, 개념적, 정치적 능력), 기술적 능력(전문 기술, 기법)으로 분류
Ibrahim(1986)	소기업 창업가	-직관력, 외향성, 위험감수성, 창조력, 변화에 대한 유연성, 독립성, 높은 시간가치 등이 성공요인임
Roure & Madique(1986)	창업인	-성공경험, 이전직장과 연관성이 클 때 성과 높음 -창업인 완성도가 높고 공동직무 수행경험시 성과 높음
조형래(1995)	투융자 신청41개 벤처기업	-창업자의 학력, 유사사업 경력은 수익성에 긍정적 영향을, 경영경험, 기업운영경험, 고성장경험은 부정적 영향을 미침 -관련 사업경험은 성장성에 긍정적, 경영경험, 고성장 경험, 창업경험은 부정적 영향을 미침 -창업인의 외부활동 비중은 기업성과에 좋지 않은 영향을 미침

Sandberg와 Hofer(1987)는 벤처기업의 성과에 영향을 미치는 요소에 관한 연구결과 창업가의 개인적 특성들은 성과에 거의 영향을 미치지 못한다고 주장했으나, 대부분의 많은 연구에서는 창업가와 기업성과가 매우 중요한 것으로 밝혀지고 있다. Stuart와 Abetti(1987)는 신생 벤처기업의 성과에 창업경험이 중요한 것임을 밝혔으며, 대부분의 연구에서 기술 창업에서 교육수준이 중요함을 지적하였다(Cooper, 1986; Cooper & Gascon, 1992; Birley & Norburn, 1987). 즉 창업경험은 초기에 나타나는 문제점의 해결을 위해 적절한 경영기법을 활용할 수 있기 때문에 초기의 높은 성과를 달성하는 데 도움이 된다(Cooper & Gascon, 1995; Roure & Madique, 1986; Van de Ven et al., 1984). 또 창업가의 나이는 높은 성과를 내기도 하고 낮은 성과를 내기도 한다(Cooper & Gascon, 1995).

또한 창업자의 심리적 특성도 중요시되어 성취욕구(need for achievement)나(Sexton & Bowman, 1985; 조형래, 1995) 불확실성에 대한 도전 및 감수 경향 등이 성과와 관련 있는 것으로 나타나고 있으며(Gasse, 1982; Smith & Miner, 1983; Gartner, 1985) 비전, 성장목표와 자기효과성 등 창업 동기적 특성도 성과에 유의한 정(+)의 영향을 미치는 것으로 나타났다(Baum, 1995).

2.2.2. 벤처기업의 전략

Hofer & Schandel(1978)는 전략을 환경에 대한 조직의 반응이라는 차원에서 "내부 능력이라고 하는 내적 자원 및 관리기술과 외부 환경에 의해 창조되는 기회와 위협 사이에서 조직이 만들어내는 믹스(mix)"로서 정의하며, 환경변화에서 도출된 기회와 위협을 최고경영층의 경영능력과 효율적으로 최적화시키는 수단이라고 보았다.

Porter(1985)는 일반기업의 경쟁전략으로 경쟁적 무기와 전략의 범위에 따라서 저원가, 차별화, 집중화전략으로 유형화했다. Chrisman(1988)은 전략의 구성요소로서 ①투자의 강도 ②범위 및 영역(scope and Domain) ③성장 벡터(Growth Vector) ④차별적 능력 또는 자원활용 ⑤경쟁적 무기 ⑥세분 차별화 ⑦시너지(Synergy) ⑧시기(timing) 등을 제시하였다. William(1997)은 벤처성과에 관한 연구에서 벤처의 전략유형에 따라서 성과에 차이가 있으며, 벤처전략의 구성요소를 ①범위 ②경쟁적 무기 ③투자의 강도 ④시기 ⑤세분 차별화 등으로 분류한다. Carter(1994)는 전략구성의 차원을 시장민감도(market sensitivity), 기술(technology), 제품차별화(product distinctiveness), 입지에 대한 매력(site appeal), 서비스 및 가격(price) 차원으로 분류하였다.

벤처기업의 전략을 Chandler & Hanks(1994)는 혁신전략, 원가우위전략, 품질우위전략으로 유형화하였다. 벤처기업의 성과와 관련하여 특히 시장선택 전략에 있어서 다양성보다는 전문성과 차별화전략이, 효율성보다는 공격형 기업의 생존율이 높다는 사실을 밝힌 연구결과가 있으며(Sandberg & Hofer, 1987; Romanelli, 1989), 넓은 생산라인과 다양한 유형의 많은 고객수가 있는 시장에서 선두기업과 직접적인 경쟁전략의 중요성을 시사하거나(Porter, 1985; Tsai et al., 1991), 기업자원의 적절한 조합과 산업기회의 활용을 통해서 벤처기업이 대기업과 경쟁에서 유리하다는 연구결과가 있다(Cooper, 1986). 이처럼 벤처기업의 전략에서는 크게 세분화된 시장에서의 집중화 또는 틈새전략을 강조(McDougall et al., 1994; Harrigan, 1986)하거나, 넓은 전략범위를 가지고 진취적 및 공격적 전략을 강조(Cooper, 1986; MacMillan et al., 1987; Tsai et al., 1991)하는 유형으로 대별될 수가 있다.

또한 경쟁전략의 차원에서 벤처기업의 전략에서는 환경과의 적합성(compatibility)이 중요시되고 있는데 Abell(1980)은 성장시장에 진입할 때는 차별화전략을, 성숙 시장에 진입할 때는 집중화전략이 유리하며, Kunkel(1991)은 높은 성장률을 보이는 생명주기상의 초기단계에는 넓은 범위의 전략이, 성숙단계의 후기단계에서는 집중화전략이 높은 성과를 나타낸다고 하였다.

다음 〈표 2-6〉은 벤처기업의 전략과 성과에 관한 주요 실증연구 사례를 요약한 것이다.

<표 2-6> 벤처기업의 기업전략에 관한 실증연구 사례

연구자	연구대상	주요 연구결과
Sandberg & Hofer(1987)	벤처캐피탈회사에서 투자한 17개 벤처기업	−차별화, 집중화, 무차별화전략을 유형으로 도출함
Keeley & Roure(1990)	36개 전자정보 산업의 기술벤처기업	−벤처전략 요인 중 고품질전략, 짧은 신제품개발기간이 성과에 영향
Carter et al.(1994)	2,500개 벤처기업	−신벤처 전략유형을 품질추구, 틈새공략, 기술가치, 가격경쟁, 애매모호, 우위달성 전략 등 8개 유형으로 분류
McDougall et al.(1994)	123개 벤처기업	−산업의 성장 정도와 전략적 범위에 따라 성과차이가 존재 −고성장산업에서 넓은 전략, 공격적 진입, 신제품개발에 중점을 둠
Sleven & Covin(1995)	5개 벤처기업	−유연성과 혁신성의 활용과 외부의 필요자원을 적절히 영입할 때 경쟁력 확보가능
Miller & Camp(1985)	84개 벤처기업	−높은 시장점유율은 현재의 수익에 영향이 있음 −높은 성장과 높은 시장점유율의 결합은 수익에 영향이 있음 −시장진입 시기는 빠를수록, 시장의 범위는 공격적이고 광범위해야 좋음 −제품은 가격우위보다 제품의 특화가 더 유리함 −수직적 통합에 있어 하향식이 바람직
Cooper(1986)	대기업과 직접 경쟁한 5개 벤처기업	−전체 시장을 상대로 공격적이고 진취적 전략을 사용해야 함
Tsai et al.(1991)	161개 벤처기업	−제품품질, 판매촉진비, 제품가격, 시장의 규모 등을 벤처기업의 진입전략으로 제시함

2.2.3. 벤처기업의 조직

조직의 혁신에 영향을 주는 요인에 관한 연구(Hage & Aiken, 1970; Baldridge & Burnham, 1975)에서는 조직의 특성이 그 조직에 속하여 있는 구성원의 개인적 특성보다도 더 중요한 것으로 나타나고 있다. 또한 많은 실증연구(Pugh, 1968; Reimann, 1974)에서 공식적 조직의 구조는 複雜度(complexity), 公式度(formalization), 集權度(centralization) 및 統合度(integration) 등으로 나누어진다. 여기서 Hage & Aiken(1970)은 複雜度를 조직이 가지고 있는 지식의 폭과 깊이로서 직종의 전문화, 전문 교육 정도, 전문활동의 정도 등으로 측정하기도 한다. 또한 조직의 公式度는 제도화 정도(degree of job codification)와 규정실천도(degree of rule observation)로 나눌 수 있으며, 集權度는 대개 권한에 대한 계층조직의 정도(hierarchy of authority)와 구성원의 의사결정 참여도로 개념화된다. 統合度는 조직 내에 있는 여러 하부조직 간의 기능을 통합하기 위해 설정된 구조적 기구를 의미하며 기업성과는 이들 조직 간의 유기적 협동의 결과로 이루어진다(김인수 & 이진주, 1982).

벤처기업의 조직특성과 성과 사이의 관계를 도출한 연구에서 계층수와 공식화 정도는 성과에 부(-)의 요인이 되며 분권화와 작은 계층, 단순한 의사결정 구조와 정보공유 등은 성과에 유의한 정(+)의 요인으로 제시되고 있다. 또한 태동기에 있는 산업에서 조직의 유기성이(Covin & Slevin, 1990), 기술혁신과 그에 따른 조직구조의 적합성(Randolph et al, 1991)이 성과와 양의 상관관계가 있는 것으로 나타났다. 또한 Baum(1994)이 벤처창업가와의 인터뷰에서 공식적이고 직접적 통제가 가능할수록 합의에 이르는 시간을 단축할 수 있어 높은 성과를 나타내는 결과를 발표했으나, 일부에서는 공식적 조직의 경우 고객지원 등의 효율이 저하된다는 주장도 있다. 우리나라에서도 성공적인 벤처의 경우 대기업에 비해 상대적으로 작은 계층구조와 중앙집중형 의사결정 구조가 신속한 의사결정을 이루는 것으로 나타났다(이장우, 1996 & 1997).

〈표 2-7〉 벤처기업의 조직 관련 연구사례

특성 구분	주요변수 특징	연구사례
조직 특성	능력과 기능	Chandler(1994), Cooper(2989)
	외부 대처능력	Macmillan(1985), Rubenstein(1985), Maidique(1985)
	조직구조의 전문화, 공식화	Stuart & Abetti(1990)
효율성	효율성	Maidique(1984, 1985), Rubenstein(1985)
	협력수준	Stuart & Abetti(1990)
벤처 기원		McDougall(1992)

(출처: Stuart & Abetti, 1987)

또한 자원의 규모가 영세한 벤처기업에서의 인적자원(human resource) 은 가장 중요한 잠재력이며(Cooper et al., 1994), 이들의 능력을 극대화하는 것이 벤처기업의 고유한 기업문화(corporate culture)이다. 이를 위해 벤처기업에서는 구성원들 사이의 신뢰와 애정, 일에 대한 열정으로 가족적이고 공동체적인 조직문화를 구축해야 하며, 자율적인 직무특성과 보상의 중요성이 강조된다(이장우, 1997). Cooper(1986)는 소기업에서 구성원들이 자부심을 가지는 기업문화는 대기업과의 직접적인 경쟁을 가능하게 하는 힘이라고 분석하였다.

그리고 벤처기업이 가지고 있는 자원 능력은 벤처기업의 전략적 방향설정은 물론 이익확보의 원천으로 작용하기 때문에 성과에 영향을 미친다. Barney(1991)는 경쟁력 있는 자원의 특징으로 자원의 가치성(valuable), 희귀성(rare), 모방가능성이 적음(inimitable), 조직에 고유함(organization-specific) 등 4가지 특성을 제시하고 있으며, Peteraf(1993)도 지속적인 경쟁우위를 유지하기 위해 이질성(heterogeneity), 사후의 경쟁제한(ex post limits to competition), 불완전 이동성(imperfect mobility), 사전적 경쟁제한

(ex ante limits to competition)의 개념을 제시하였다. 그러나 본 연구의 주제 영역인 소프트웨어 벤처기업에서는 상대적으로 인적자원과 이를 결합하는 조직구조 특성이 성과에 더 밀접한 영향을 미친다(이정원, 1994).

〈표 2-8〉 벤처기업의 조직구조 관련 연구 사례

연구자	연구대상	주요 연구결과
Duchesneau (1990)	성공적인 벤처기업	-참여적 경영과 낮은 의사결정 단계를 가짐
Baum(1995)		-높은 공식화와 수직적 차별화는 벤처기업의 성과에 부(-)의 영향을 미침
Cooper(1986)	중소기업	-정책의 입안과 실행의 빠른 스피드와 효율성이 강점
Varamaki (1996)		-성공벤처는 합의를 통한 의사결정, 실패벤처는 위계적이며 집권적인 의사결정의 양상을 보임

2.2.4. 벤처기업의 환경

벤처기업은 소수의 제품이나 서비스, 좁은 시장, 소규모 자원으로 기업환경에 직면하게 되므로 상대적으로 환경의 변화에 더 민감하게 반응한다. 환경은 조직의 경계 외부에 존재하는 물리적이고 사회적인 제 요소들로서 정의되며, 과업환경과 일반환경으로 분류된다(Duncan, 1972). 과업환경은 특정조직의 목표의 설정과 목표의 달성에 관련된 환경으로서 산업구조, 시장의 안정성 및 성장단계 그리고 진입장벽(barriers to subsequent entry) 등을 포함하고, 일반환경은 경제, 사회문화, 정치법률 그리고 기술환경을 포함한다(Dill, 1958). 기업경영과 관련된 환경특성 또한 성과에 영향을 미치는데 주로 환경의 불확실성이 기업성과에 영향을 미치며(Lawrence & Lorsch, 1969), 환경 자체가 정형화하기 어려운 특수한 상황이 있는 복잡한 문제이다(Zahra & Covin, 1995). 또한 환경은 경영자 또는 기업에서의 전략적 선택과 관계없이 성과에 직접 영향을 미치는 것으로 알려져 있다 (Aldrich, 1979; Tsai et al., 1991).

Aldrich(1979)는 문헌 연구를 통하여 6개의 환경차원을 도출했으며, Dess & Beard(1984)는 이 6개 중 요인분석을 통하여 풍부성(munificence), 역동성(dynamism), 그리고 복잡성(complexity)이라는 3가지 차원으로 간소화시켰다. 풍부성은 활동하는 기업들이 필요한 자원이 희귀한가 아니면 풍요한가를 말하며, 자원이 풍부할 때 상대적으로 생존하기가 용이하므로 생존보다는 다른 목적을 추구하게 된다. 역동성은 환경의 구성요소들이 변하는 정도를 말하며, 복잡성은 환경을 구성하는 요소들의 다양성과 상호관련성을 말한다. 이 밖에 산업의 위험성이 높고, 경쟁이 치열하며, 사업분위기가 거칠고 압도적으로서 해당산업의 부침이 심함에서 기인하는 위협의 정도를 의미하는 적대성(hostility) 역시 환경의 중요한 속성으로 인식된다(Zahra, 1993). 환경의 풍부성은 제품의 수명주기 단계, 고객의 수, 시장의 성장성으로, 그리고 적대성은 경쟁자의 시장점유율이나 시장의 의존성 등으로 측정될 수 있다(Tsai et al., 1991). 이와 관련하여 환경의 풍부성과 적대성이 기업성과와 상관관계가 있다는 연구결과가 제시된 바 있다(Covin & Slevin, 1989; MacMillan, 1987).

특히 벤처기업의 성과에 미치는 영향으로 환경의 역동성은 때때로 시장의 매력(market attractiveness), 환경적 여유로움(environmental munificence), 영향력(power) 등으로 벤처기업에 기회를 제공하고(Chandler & Hankers, 1994; Covin & Slevin, 1991; Zahra, 1993), 시장규모의 성장 또한 성과에 많은 영향을 미치는 것으로 밝혀졌다. Lumpkin과 Dess(1996)의 연구에서는 환경적 역동성이 통제변수로 활용되어야 함을 주장하였으며, 신기술의 다양성과 변화의 정도가 크면 시장에서 바람직한 제품이나 서비스 형태의 불확실성이 증가함으로써 환경의 유동성을 견딜 자원이 부족한 벤처기업에 위험요인이 됨을 제시하였다.

〈표 2-9〉 벤처기업의 기업환경에 관한 주요 실증연구 사례

연구자	연구대상	주요 연구결과
Keeley & Roure(1990)	36개 전자정보 산업의 기술벤처 기업	-산업구조 요인 중 경쟁강도, 첫해의 시장점유율, 구매자 집중도에 따라 성과에 영향을 줌
Miller & Camp(1985)	모기업지원 94개 벤처기업	-높은 시장성장률, 특허권이 작용하는 영향에서 ROI가 높음 -특허권이 완제품보다 프로세스에 관련된 경우 높은 수익을 보임
Katobe & Swan(1995)	905개 벤처제품	-외부적 협력이나 연계가 높은 기술원천이 내부 원천보다 기술혁신성이 높음
Miller & Camp(1986)	84개 벤처기업	-성장산업, 경쟁우위가 있는 시장, 진입장벽이 있는 시장, 국제적으로 경쟁할 수 있는 시장을 택하는 것이 유리함
Covin & Slevin(1989)		-우호적 환경에서는 위험회피 재무관리, 단기수익성 강조, 기존제품의 개선, 단일고객 의존율 최소화가 성과와 양의 관계 -적대적 환경에서는 위험선호 재무관리, 혁신이나 변화의 선호, 비용우위 또는 차별화전략 구사, 산업추세의 예측이 성과와 양의 관계

일반환경에서 정치적 및 법적 힘 예를 들면 정부의 인허가 정책, 세제 및 자금지원 제도 등이 신규 사업의 확산이나 성공에 있어서 중요한 영향을 미치고(Kent, 1984), 제품이나 공정 등과 관련된 기술의 변화나 기술인력 수급 등과 같은 기술환경도 기업의 성과에 영향을 미친다(Zahra, 1993).

2.2.5. 벤처기업의 산업구조

일반적으로 산업구조는 기업환경의 한 영역으로 다루어지기도 한다. 그러나 기업환경 중 특정산업의 경쟁자, 공급자, 고객과의 관계 등을 포함하는 중요 영역으로서, 판매자와 구매자 사이에 유통되는 재화나 용역의 수

나 크기, 판매자의 제품에 따른 경쟁강도(competitive intensity), 진입장벽 (barriers to subsequent entry), 기업의 고정비용 비중, 원자재로부터 소매 의 유통에 따른 결합 정도, 제품과 관련된 다각화 및 협력수준 그리고 구 매자와 판매자의 지리적 분포 등을 말하며(Scherer, 1980), 벤처기업의 존 재와 성과에 위협을 가할 수 있는 잠재요인이 된다. 따라서 성과와 관련 있는 산업구조의 차원은 성장산업, 시장규모, 경쟁강도 등이다.

Sandberg & Hofer(1987)는 각 산업마다 서로 다른 산업구조, 시장의 안 정성 및 성장단계, 진입장벽의 강도 등의 특성을 가지고 있고, 이러한 산업 특성이 벤처기업의 성과에 유의한 영향을 미친다고 하였다.

McDougall et al.(1994)의 연구에서는 산업구조 요인을 기업규모, 산업집 중(industry growth), 광고비중, 수요성장률 등으로 나누었으며, 실증조사 에서 산업구조, 벤처전략 요인들이 성과에 영향을 미치는 설명력은 주요 효과(main effect)보다는 상호작용 효과(interaction effect)가 더 설명력이 높다고 밝히고 있다.

또 Sandberg & Hofer(1987)의 연구결과에서는 산업의 제품 간 이질성 이 높을수록 성공적이고, 산업성장률이 높을 때 성과가 높으며, 산업 내 불 균형이 존재하고 선발로 진입할수록 성과가 높은 것으로 실증되었다.

그러나 반대로 성장률이 낮은 경우에는 안정된 시장에서 적절한 틈새시 장을 찾을 수 있어 벤처기업에 유리하고(Abetti & Stuart, 1987), 높은 성 장률을 가진 시장에서는 많은 기업들이 동시에 진입하려고 하기 때문에 벤 처기업에는 바람직하지 않다(Tsai et al., 1991)는 주장도 있다.

〈표 2-10〉 벤처기업의 산업구조에 관한 주요 실증연구 사례

연구자	연구대상	주요 연구결과
Keeley & Roure(1990)	36개 전자정보 산업의 기술벤처기업	−산업구조 요인 중 경쟁강도, 첫해의 시장점유율, 구매자 집중도에 따라 성과에 영향을 줌
McDougall (1992)	247개 정보통신업체	−창업형태는 성과에 영향을 미치지 않으며, 산업구조에 따라서 전략이 성과에 영향을 미침
Abetti(1987)	24개 기술집약 벤처기업	−낮은 성장률의 시장에서 벤처기업의 성과가 높음

따라서 Hofer(1978)의 연구에서와 같이 공급자, 산업 집중구조, 경쟁자, 시장과 소비자 요인 등을 포함하여 기업전략이나 환경적 요인으로서 파악하며, 산업구조상 진입장벽(barriers to subsequent entry), 불균형, 진화단계 등이 성과에 영향을 미치는데 벤처기업의 초기에는 비집중화전략에서 말기에는 집중화전략이 필요함을 주장하고 있다.

2.3. 벤처기업의 성과측정

기업의 성과를 측정하는 연구에서 전통적으로 사용된 지표는 재무적 관점에 치중하고 있다. 즉 예를 들면 매출액 성장률이나 자산 성장률 등으로 성장성과 수익성을 측정(McDougall et al., 1994)하거나, Miller와 Friesen(1982)의 연구에서와 같이 3년간을 기준으로 한 매출성장, 고용성장, 경쟁사와의 매출성장 비교 그리고 경쟁사와 시장가치성장 비교 등 4가지 지표로 구성된 성장관점과 총수익과 이윤 및 경쟁사와 비교한 이윤성장 등이 중요시되었다.

Tsai et al.(1991)은 성과측정의 정확성을 기하기 위하여 객관적 지표와 주관적 지표의 결합지표가 바람직하다는 점을 강조한다. 따라서 재무지표 이외에 인지된 직무성과, 만족도, 만족도의 조직유효성 등의 주관적 성과지

표가 추가적으로 사용되기도 한다. 이러한 여러 요인들을 다차원구조로 파악한 Venkatraman & Ramanujam(1986)의 연구에서는 ①재무성과(Return On Investment, Return On Assets, Return On Sales, Return On Equity), ②사업성과(시장점유율, 성장률, 다각화 및 제품혁신), ③조직효과성(만족도, 근로생활의 질, 사회적 책임)의 세 가지 수준에서 성과를 측정하였다.

Stuart & Abetti(1987)의 연구에서는 벤처기업의 성공을 첫째, 주관적 성공과 객관적 성공으로 표현할 수 있으며 둘째, 성공단계를 2개(bimodal) 또는 다중(multimodal) 대 연속형(continuous)으로도 표현할 수 있고 셋째, 재무적(financial) 성공 대비 종업원 수의 증가에서 사회적 기여 또는 기업의 학습과정 등으로 비재무적(nonfinancial) 성공을 표현할 수 있으며 넷째, 성공이 계획 대비 달성 정도를 의미하기 때문에 충족과 부족의 차원에서도 표현되고 있다고 분류하였다. 또한 벤처기업의 성공을 두 가지 방식으로 측정하였는데 첫째, 매출액, 고용성장률, 수익성, 지분에 대한 수익, 종업원 대비 매출액과 자산 대비 매출액 등의 조합으로 계량적 성공(QIS: Quantified Initial Success)과 둘째, 원래의 기대목표의 달성 정도, 생존확률, 외부자본을 조달할 수 있는 능력, 종업원 만족도, 사회에의 기여 등을 주관적 성공(SIS: Subjective Initial Success)지표로 하고 리커트형의 척도로 조사한 후 그 평균치로서 측정한 바 있다.

Zahra(1996)의 연구에서는 벤처의 발전시기에 따라 다른 성과 척도의 적용 필요성을 주장하였는데 초기단계에서는 소유주의 만족도, 상업화단계에서는 브랜드인지도와 주문창출, 성장단계에서는 시장성장률, 현금흐름과 수익성 등 안정화단계에서는 수익성, 생산성과 내부효율 등의 측정지표를 제시하였다.

벤처기업의 성과는 단기적 성과와 장기적 성과로 나눌 수가 있으며, 대체로 기존 연구들에서는 단기적 성과를 기준으로 하고 있다(조형래, 1995). 단기적 성과를 측정할 때의 어려운 점은 첫째, 성과와 관련된 항목 특히 이익에 관련된 항목들은 공개하기를 꺼려하고 있으며 둘째, 기업이 창업한 지 오래된 경우에는 해당 과거 자료를 거슬러 수집해야 하는 어려움이 따르게 되며 셋째, 창업한지 얼마 되지 않은 경우에는 성과를 측정할 수 있을 만한 단계에 도달하지 못한 경우도 있다. 또한 단기적 성과에 치중한 연구들은 성장잠재력에 대한 평가가 소홀히 다루어졌다는 것이다.

이하에서는 기존 연구에서 적용된 성과지표와 척도들을 정리한다.

2.3.1. 성과지표

조직의 성과를 측정하고 나타내는 성과지표가 널리 인정되고 활용되기 위해서는 다음과 같은 다양한 기본 요건이 갖추어져야 한다. 즉 지표로서의 신뢰성과 타당성, 명확성, 적절성(relevance)과 통제성(controllability), 정확성과 민감성, 현실성(practicality)요건이 그것이다(한만중, 1997). 신뢰성은 측정시간이나 측정방법에 독립적으로 동일한 결과를 나타내는 일관성을 말하며, 타당성은 동일한 개념으로 측정하는지를 말한다. 명확성은 지표가 명확하여 이해하기 쉬워야 한다는 점을, 적절성과 통제성은 측정된 결과가 의사결정에 적절한 정보가 되어야 하며, 성과향상을 위한 노력의 변화가 가능한 지표를 말한다. 정확성과 민감성은 성과를 왜곡하지 않고 올바르게 나타내고 변화의 정도를 충실히 나타내는 지표를 말한다. 또한 현실성은 자료수집이나 분석에 경제성이 있어야 함을 말한다.

그러나 지표로서의 요건에 충실한 성과측정 방법은 생산성이나 능률을 지나치게 강조하고 단기적 성과의 실현을 중시하며, 부분 최적화를 위한 유효성의 희생과 과거 실적을 중요시함으로써 장기적인 성과지향의 측면에서 부적합성이 제기되어 왔다. 예를 들어 Kaplan과 Norton(1993)은 프로세스 개선을 위한 성과지표를 통해서 자연스럽게 재무성과를 향상시킬 수 있다고 주장하고 있다.

따라서 널리 활용되는 성과지표들의 개념은 결과차원뿐만 아니라, 투입 및 과정의 결합지표의 개념, 팀이나 해당 조직의 성과향상을 유발하는 성과지표 그리고 균형성과의 강조가 그 축을 이루고 있다(피터드러거, 1999).

2.3.2. 성과측정시스템

이상에서 나타난 재무지표의 한계점이 인식되면서 최근에 제시되는 성
과측정시스템에서는 다양한 지표들이 추가되고 있다. 많은 연구에서 궁극
적으로는 벤처기업의 성과는 벤처기업 자체의 생존으로서, 이것은 기업의
성공과 같은 개념으로 이해되고 있다.

그 외에도 예를 들면 미 에너지성(DOE, 1998)에서는 연구개발(R&D)조
직의 성과 측정을 위한 PIMM(Performance Improvement Measurement
Methodology)에서는 비용성과(cost performance) 이외에도 객관적 달성
(objective achievement), 기술적 위험감소 등 3개 측면을 평가하고 있으며,
Kaplan과 Norton(1992)이 제안한 균형점수 기법(Balanced Score Card)에
서는 재무적 측면 이외에도 고객관점, 내부 비즈니스프로세스 측면 그리고
학습과 혁신 측면 등이 추가되었다.

〈표 2-11〉 성과평가시스템의 변화 추이

구 분	기존의 성과평가시스템	변화된 성과평가시스템
참여 정도	상의하달	목표설정 및 평가에 참여 평가결과의 공개
평가 내용	量的 結果	量的 結果 및 質的 과정
평가 관점	주관적	경쟁조직 관점 및 고객관점의 상대평가
시간 지향성	과거 지향	미래지향
평가기간	단기	단기 및 중기
평가 성격	절대적 평가(경영방침 및 목표의 달성여부)	절대 및 상대적 평가
피드백 체계	미흡	차기 전략에 반영

(출처: 한만중, 1997, p.46)

이와 같이 새로운 성과평가시스템에서는 평가자체에 오버헤드(overhead)를 감수하고서라도, 참여자의 폭과 역할을 늘리고, 질적 및 양적인 측면을 모두 평가하며, 경쟁관계의 조직에 대비한 상대평가와 장기적 성과를 평가하여 전략을 강화하는 차원에서 평가결과를 활용하는 개념으로 변화되고 있는데, 이를 정리하면 〈표 2-12〉와 같다.

2.4. 기존 연구에서의 한계

이와 같은 벤처기업의 성과 관련 연구에서 나타나는 문제점 중의 하나는 연구결과들이 일치하지 않는 것이다. 예를 들면 상대적으로 초기부터 많은 연구가 이루어진 창업가의 특성에 관한 연구결과를 보면, 벤처기업의 성과와 창업경험, 교육수준, 모험심 등 창업가 특성이 밀접하게 관련이 있다는 연구결과(Herron & Robinson, 1993; Cooper & Gascon, 1995)가 있고, 이와는 반대로 창업가의 개인적 특성들이 성과에 거의 영향을 미치지 못한다는 연구결과(Sandberg & Hofer, 1987)도 동시에 나타났다. 그리고 창업가의 나이는 높은 성과를 내기도 하고 낮은 성과를 내기도 하는 것으로 나타나고 있다(Cooper & Gascon, 1995).

이에 대해 Cooper & Gascon(1992)는 그 원인으로 첫째, 상관관계는 설명하고 있으나 인과관계의 모델 부족으로 불확실성의 해석이 어렵다는 점과 둘째, 표본의 다양성으로 인해 변수들 간의 상황적 관계에 대해 명확히 알 수 없고, 초기에 폐업한 벤처기업에 대한 연구가 어려워 일반화하기 어렵다는 점을 지적하였다. 셋째로는 벤처기업의 성과에는 재무지표 또는 시장점유율과 같은 시장기반 지표가 불합리하며, 투자 및 매출수익률 등 회계기반 지표가 쉽게 공표되지 않는 다는 점과, 각 성과요인 변수들이 성과에 미치는 상대적 영향의 중요도가 정교하지 못하다는 점이 지적되고 있다.

또한 여러 가지 성과지표를 결합하여 사용할 때도 객관적 평가와 주관적 평가 사이에 상관관계를 보이지 않는 점도 지적되고 있으며(Sapienza et al, 1988), 벤처기업에서의 성과지표 중에 성장률과 이익률을 동시에 고려한 결과 성장률이 높은 기업이 반드시 이익률이 높지 않은 결과를 나타냈는데(Westhead, 1995; Lafuente & Salas, 1989; 김철, 1993), 이는 급격히 성장하는 경우에 성장을 위해 이익을 일정부분 포기하는 사례가 많기 때문으로 분석되고 있다.

따라서 벤처기업의 성과 관련 연구가 아직은 탐색적인 접근이 필요한 단계라는 점과, 본 연구에서와 같이 소프트웨어 제품개발에 국한하는 등 관련 특정 업종에 설명력이 높은 연구모형이 제시될 필요가 있음을 알 수 있다.

제3장 소프트웨어 벤처기업의 특성과 균형점수기법

3.1. 소프트웨어 벤처기업

3.1.1. 소프트웨어 벤처기업의 정의

소프트웨어개발촉진법(제2조)상에는 "소프트웨어산업"이라 함은 '소프트웨어의 개발. 유통 및 유지보수 등의 활동과 정보화를 실현하기 위하여 필요한 시스템의 계획, 개발 및 유지보수 등 일련의 정보처리 활동을 말한다' 라고 정의하고 있으며, 이를 다시 세분화하여 프로그램, 소프트웨어, 시스템으로 구분하고 있다. 여기서 "프로그램"이라 함은 '특정한 결과를 얻기 위하여 컴퓨터 등 정보처리능력을 가진 장치 안에서 직접 또는 간접으로 사용되는 일련의 지시와 명령으로 표현된 것'을 말하며, "소프트웨어"라 함은 '프로그램과 이를 작성하기 위하여 사용된 설계서, 기술서, 기타 관련자료'를 말한다. 또한 "시스템"이라 함은 '경제·사회 및 공공부문의 효율성 제고와 생산성 향상 등 특정목적을 위하여 소프트웨어, 각종정보 및 관련 요소들이 유기적으로 종합된 것'을 말한다.

현재 우리나라의 벤처기업은 연구자나 기관에 따라서 여러 가지 방법으로 정의되고 있다. 중소기업기본법 제2조의 규정에 의해서 ①벤처기업은 법에서 정한 벤처기업 유형에 속해야 되며 ②업종이 금융·보험, 도·소매업 등 제외업종이 아니어야 한다. 1997년에 제정된 〈벤처기업 육성에 관한 특별조치법〉과 1999년의 동법 시행령에서 정하고 있는 벤처기업의 유형은 ①중소기업창업투자회사·중소기업창업투자조합·신기술금융업자 및 신기술사업투자조합의 투자총액이 당해 기업 자본금의 100분의 20이상이거나 주식 인수총액이 당해 기업 자본금의 100분의 10 이상인 기업 ②당해 기업

의 직전 사업 년도의 총매출액에 대한 연구개발비의 비율이 100분의 5 이
상인 기업 ③특허권·실용신안권 또는 의장권을 주된 부분으로 사업화하거
나 특허등록출원·실용신안등록출원 또는 의장등록출원중인 기술로 주된
부분으로 사업화하는 기업 ④법률에 의한 기술개발사업의 성과와 우수기술
등을 이용하여 생산한 제품의 매출액이 당해 기업 매출액의 100분의 50 이
상인 기업 등이다.

3.1.2. 소프트웨어 벤처기업의 현황

실제로 1998년 5월 정부가 벤처기업 등록제도를 시행한 이래 2000년 9
월 현재 중소기업청에 벤처기업으로 등록된 업체는 다음 〈표 3-1〉에서와
같이 총 8,638개 업체에 이른다.

〈표 3-1〉 벤처기업 등록업체 통계

구 분	제조업	정 보 컴퓨터	연구개발 서비스	건설 운수	도소매업 공공서비스	농·어· 임광업	기타	계
업체 수	5,389	2,782	182	138	76	29	42	8,638
%	62.4	32.2	2.1	1.6	0.9	0.3	0.5	100

(출처: 중소기업통계, 중소기업청, 2000. 9)

이들 벤처기업의 지역별 분포는 다음 〈표 3-2〉와 같이 나타나고 있는데,
서울이 전국 벤처기업의 45%를, 서울을 포함하여 인천·경기 지역에 전체
벤처기업의 72.1%가 위치하고 있는 등 수도권 집중현상이 뚜렷함을 보여
주고 있다.

〈표 3-2〉 지역별 벤처기업 등록업체 통계

구분	서울	부산 울산	대구 경북	광주 전남	대전 충남	경기	인천	강원	충북	전북	경남	제주	계
업체 수	3,860	472	443	236	633	1,777	502	70	193	115	319	18	8,638
(%)	44.7	5.5	5.1	2.7	7.3	20.6	5.8	0.8	2.3	1.3	3.7	0.2	100

(출처: 중소기업통계, 중소기업청, 2000. 9)

이들 업체 중에 소프트웨어 벤처기업은 정보 및 컴퓨터 분야와 연구개발 서비스업종에 속한 총 2,964개 업체 중의 일부가 포함되어 있다.

본 연구에서 "소프트웨어 벤처기업"은 일반적인 벤처기업의 정의에 속하는 기업으로서, 소비자가 사용할 소프트웨어를 개발하여 공급하는 업체로 한정하되 이미 개발된 소프트웨어에 대해 기능의 추가 등 최적화를 과정을 수행하여 소프트웨어 제품에 부가가치를 높여 새로운 제품으로 개발 및 공급하는 업체를 포함하는 것으로 한다. 따라서 흔히 인터넷기업으로 불리는 인터넷 서비스 제공업(ISP), 포털서비스, 정보제공업(IP), 콘텐츠제공업(CP), 온라인쇼핑몰, 전자상거래업 등은 이미 개발된 소프트웨어를 활용하여 컨텐츠 유통에 중점을 두는 업종으로서 이들 업종은 소프트웨어 제품의 고객입장일 뿐 아니라, 소프트웨어 벤처기업이 개발된 제품이나 기술을 중요시하는 반면 인터넷 기업은 비즈니스 모델과 자본중심의 사업성격을 갖는 업종으로 보아 연구대상에서 제외하였다.

궁극적으로 본 연구의 대상인 소프트웨어벤처기업은 현실적으로 소프트웨어 제품 또는 솔루션을 개발하는 벤처기업으로서, 현실적으로는 대형 및 전문 SI(System Integration)업체를 제외한 소프트웨어 전문 벤처기업이라고 할 수 있다. 이들 업체들에 대해서는 별도의 목록이 존재하지 않기 때문에 〈소프트웨어 벤처기업〉의 기업체 수는 별도로 파악해야 할 것이다.

벤처기업을 포함하여 국내 소프트웨어업체는 지난해 말 기준 전국적으로 4,006개 업체가 설립, 활동하고 있는 것으로 정보통신부가 2000년 4월부

터 5개월간 실시한 「전국 소프트웨어 산업기반조사」 결과에서 나타났다.[1)]
또한 국내 소프트웨어 관련 종사자수는 총 8만 959명으로 소프트웨어 부문
이 차지하는 고용창출 효과가 상당한 것으로 분석됐다.

국내 소프트웨어산업의 총매출액은 8조 7,700억 원으로 지난 97년 이후
연평균 30.9%의 성장세를 보이고 있다. 총수출액도 742억 원으로 97년 이후
연평균 34.5% 꾸준한 증가세를 유지, 점차 수출규모가 커지고 있는 것으로
나타났으며, 소프트웨어산업 인력구조는 총인력의 70.2%인 56,795명이 기술
개발에 종사하고 있는 것으로 나타나 소프트웨어산업이 기술집약형임을 보
여줬다. 그러나 소프트웨어 업체 수의 72.9%, 인력의 86.1%, 매출액의
92.8%가 서울 등 수도권에 집중돼 편중현상이 심각한 것으로 드러났다.

분야별 기술인력 분포현황으로는 프로그래밍 인력이 전체의 42.2%인 2
만 3980명이었으며 대졸 이상 고급인력이 총기술인력의 21.1%, 대졸 이하
중급이 35.4%, 초급이 43.5%로 나타났다.

한편 창업투자사의 소프트웨어 분야 투자액은 98년 433억 원에서 99년
997억 원으로 증가했으나 총투자대비 비율은 13.8%에 그치고 있어 소프트
웨어 벤처기업에 대한 투자증가가 시급한 것으로 분석됐다.

일반 업종의 벤처기업실태조사 결과비교(1999년~2000년)에서 나타나는
종업원 규모는 다음 〈표 3-3〉과 같다.

〈표 3-3〉 벤처기업의 종업원 규모 현황

년도 \ 인원	4인 이하	5-30	31-50	51-100	101인 이상	계	평 균
'99	7%	61%	13%	11%	8%	100%	35명
2000	7.3%	64.1%	12.9%	9.3%	6.5%	100%	37.1명

(출처: 중소기업통계, 중소기업청, 2000. 9)
※ n = ('99: 2,658개 업체, 2000: 5,158업체)

---

1) SW산업 기반조사결과 조사, 전자신문, 2000. 11. 22.

벤처기업의 자본금 규모는 다음 〈표 3-4〉과 같으며, 업체당 평균자본금
이 19.2억으로 나타났다.

〈표 3-4〉 벤처기업의 자본금 규모 통계

년도＼자본금	~1억	1-5억	5-10억	10-50억	50-100억	100억~	계	평 균
'99	44%	30%	12%	12%	1%	1%	100%	7억
2000	22.2%	31.1%	15.3%	23.3%	4.5%	3.6%	100%	19.2억

(출처: 중소기업통계, 중소기업청, 2000. 9)
※ n=('99: 1,184업체, 2000: 4,803업체)

벤처기업의 매출액 규모는 다음 〈표 3-5〉에서 보는 바와 같이 업체당
평균 47억 수준으로 나타났다.

〈표 3-5〉 벤처기업의 매출액 규모 통계

년도＼매출액	~5억	5-10억	10-50억	50-100억	100억 원	계	평 균
99년도	50%	10%	25%	7%	8%	100%	47억
2000년도	32.1%	12.7%	33.5%	10.2%	11.5%	100%	46.9억

(출처: 중소기업통계, 중소기업청, 2000. 9)
※ n=('99: 2,552업체, 2000: 5,021업체)

벤처기업의 업력은 다음 〈표 3-6〉에서와 같이 나타나고 있는데, 3년에서
5년 범위에 가장 많은 분포를 보인다.

<표 3-6> 벤처기업의 업력현황 통계

업력 년도	~1년	1-2	3-5	6-10	10년~	계
'99년도	10%	14%	29%	24%	23%	100%
2000년도	17.3%	19.2%	28.0%	19.2%	16.3%	100%

(출처: 중소기업통계, 중소기업청, 2000. 9)

벤처기업의 창업당시 창업인의 연령분포는 다음 <표 3-7>에서와 같이 30대가 가장 많은 분포를 보이고 있다.

<표 3-7> 벤처기업의 창업인 연령 통계

구 분	20대 이하	30대	40대	50대 이상	계
'99년도	8%	50%	31%	11%	100%
2000년도	6.3%	46.4%	35.5%	11.7%	100%

(출처: 중소기업통계, 중소기업청, 2000. 9)
※ n＝(1999년: 3,266업체, 2000년: 5,933업체)

3.2. 소프트웨어 제품 특성과 평가

3.2.1. 소프트웨어 제품의 특성 요인

소프트웨어 제품(software product)은 일반 제조업종의 제품보다 더 높은 복잡성(complexity), 적합성(conformity), 변경가능성(changeability)과 비가시성(invisibility)의 특징을 나타낸다(Brooks, 1987). 소프트웨어는 간단한 프로그램으로부터 시작하여 대규모 소프트웨어시스템으로 결합하여 동작할 수 있으며 이와 같은 복잡도의 증가에 따라서 응답지연(delay), 신뢰도(reliability), 구조적 변경(architectural changes) 등의 문제를 내포될 가능성은 더욱 증가한다. 이에 더하여 품질에 대한 완벽한 시험을 할 수 없는 특징이 있어서(Brooks, 1987) 제품이 개발되는 과정 즉 프로세스의 개선을 통한 품질개선을 추구하는 것이 중요하다. 또한 높은 프로세스 품질(process quality)만으로 높은 제품의 품질(product quality)을 보장할 수 없기 때문에 소프트웨어 제품에 대한 별도의 체계적인 측정 및 표준이 필요하다.

　일반적인 제조업종 등에서도 주로 기술적 성과가 높은 제품의 특성은 제품자체의 품질 및 성능을 기준으로 측정하고 있다. 예를 들면 Meyer & Utterback(1995)은 제품의 특성을 기술신규성, 제품의 범위, 소비자신규성, 유통채널 신규성, 생산공정의 신규성, 시장에의 신규성, 소비자 수용도, 통합된 기술의 수, 외부기술의 수, 생산공정의 수 그리고 소비자그룹의 수 등을 제시하였다. 김재향(1997)은 이러한 분야에서의 연구결과를 〈표 3-8〉과 같이 요약하였으며, 제품특성의 차원을 첫째, 기술적으로 회사에게 새로운 정도와 기술적 경험 정도를 나타내는 기술신규성과 둘째, 영업경험 정도를 나타내는 영업신규성 셋째, 제품의 신뢰성 및 품질의 우수한 정도와 기술적 성능의 우수성과 소비자 수용 정도를 나타내는 상대적 우위성 그리고 넷째, 특허나 기술적 복잡성으로 모방이 어려운 정도나 독특한 제품 정도 등을 나타내는 기술전용성으로 유형화하였다.

〈표 3-8〉 제품특성 관련 연구변수

연구변수 개념	관련 연구자
제품의 질, 신뢰성 신제품의 설계와 질 기술적 성능	Moser(1983), Zirger & Maidique(1990), Emmanuelides(1993)
획기적 기술수준 정도 기존 제품과의 신규성 정도 수용성(acceptability) 특허/재산권의 수 기술혁신 목표의 달성 정도 독특성 기술의 복잡성 제품의 기지성	Nystrom(1979), Nystrom & Edvardsson(1982), Tushman & Katz(1980), Katz(1982), Hull et al.(1989), Moser(1983), Meyer-Krahmer(1984), Cooper(1979), Zirger & Maidique(1990), 김홍범(1987)

(자료원: 김재향, 1997, 재인용)

3.2.2. 소프트웨어 제품품질 평가 관련 표준

소프트웨어의 제품품질(product quality)에 대한 국제표준의 대표적인 예가 ISO/IEC 9126 표준과 ISO/IEC 14598 표준이다. ISO/IEC 14598 표준은 소프트웨어 제품 평가프로세스를 중심으로 구성된 표준이며, IISO/IEC 9126 표준은 품질 특성 및 지표(metric)를 제시하는 표준이다. 본 연구에서는 ISO/IEC 9126 표준을 정리한다(김현수 외, 2005).

ISO/IEC 9126 표준은 크게 2개 부분으로 나누어 파악할 수 있다. 첫째는 내부 및 외부품질이고, 둘째는 사용상의 품질이다. 여기에서 내부품질은 본질적 품질이며 소프트웨어 개발중간 단계에 주로 적용되고, 소프트웨어 내부구조에 의해 결정된다. 외부 품질은 소프트웨어 개발시험 단계에 주로 적용되는 품질이며 본질적 품질과 평가자의 관점이 혼합된 형태의 품질이다. 사용 중 품질은 인식품질로서 소프트웨어에 대한 사용자 즉 최종사용자, 유지보수 담당요원 그리고 프로그램 이식(porting) 담당요원의 만족도를 표현하는 운용품질이다.

내부 및 외부품질은 6개 특성과 여기에 속한 여러 개의 부특성(subchara-cteristics)으로 평가될 수 있으며, 사용상의 품질은 6개 품질특성을 결합하여 사용자관점에 의해서 평가된다. 소프트웨어 제품의 품질특성을 정의한 ISO/IEC 9126 표준은 다음과 같이 구성된다.

- ISO/IEC 9126-1: 품질 특성 및 부특성
- ISO/IEC 9126-2: 외부 품질 척도(평가 요소)
- ISO/IEC 9126-3: 내부 품질 척도(평가 요소)
- ISO/IEC 9126-4: 사용 중 품질 척도

소프트웨어 프로덕트품질은 다음 〈그림 3-1〉에서와 같이 중간제품을 정적(static) 척도로 평가하는 내부품질 성과 척도에 의해서, 실행코드의 특성을 이용해서 평가하는 외부품질 척도에 의해서 그리고 사용상의 품질을 평가함으로써 평가될 수 있다. 또한 통상적으로 ISO/IEC12207 모형에 의해서 분류되는 프로세스에 기반을 둔 프로세스품질은 프로덕트품질 향상에 기여하며, 프로덕트품질은 사용상의 품질향상에 기여한다. 따라서 프로세스를 향상하고 평가하는 것은 프로덕트품질을 향상하는 것을 의미한다고 할 수 있으며, 프로덕트품질을 평가하고 향상하는 것은 사용상의 품질을 향상시키는 것을 의미한다. 마찬가지로 사용상의 품질을 평가하는 것은 프로덕트 품질향상을 그리고 프로덕트를 평가하는 것은 프로세스를 향상하는 요인이 된다. 또한 내부품질에 적합성을 가진다면 외부품질 요구수준을 만족한다고 할 수 있고 외부품질을 적합하게 확보한다면 사용상의 품질을 만족하는 데 전제를 확보했다고 할 수 있다.

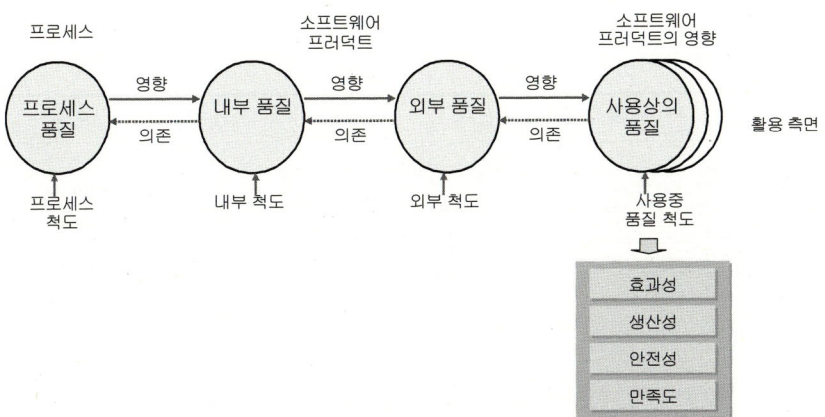

〈그림 3-1〉 ISO 9126의 품질 유형

    소프트웨어 품질을 측정 평가하기 위한 품질모형은 일반적으로 계층구조
로 세분화되어 표현될 수 있다. 최상위 계층은 사용자 관점에서 소프트웨어
의 품질목표를 정의하고 ,제2계층은 품질목표를 달성할 수 있는 광범위한
품질특성을 ,제3계층은 상위특성을 측정하는 구체적 부특성(subchara-
cteristics)을 갖게 된다. 그리고 최하위 계층에는 소프트웨어 특성을 측정할
수 있는 메트릭(metric)이나 품질요소가 위치하게 된다. 즉 ISO/IEC 9126
에서 제시하는 품질특성과 메트릭에서는 소프트웨어의 품질특성을 기능성
(functionality), 신뢰성(reliability), 사용성(usability), 효율성(efficiency), 유
지보수성(maintainability), 이식성(portability)등 총 6개의 주 품질특성을
중심으로 30개의 하부 품질특성으로 세분하고 이를 다음 〈그림 3-2〉에서와
같이 계층적 구조로 표현하여 품질 평가에 적절히 활용될 수 있도록 하고
있다.

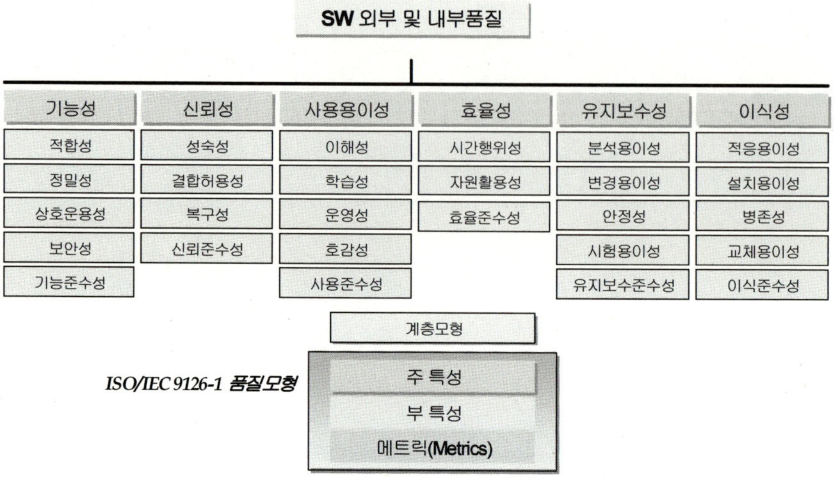

〈그림 3-2〉 ISO/IEC 9126의 계층적 품질 모델과 내부 및 외부품질 특성

(1) 기능성(Functionality)

기능성은 요구되는 기능 및 성능을 만족시키는 능력으로 정의되며 적합성(Suitability), 정밀성(Accuracy), 상호운영성(Interoperability), 보안성(Security), 기능준수성(Functionality Compliance) 등과 같은 부특성(subcharacteristics)으로 세분화된다.

(2) 신뢰성(Reliability)

신뢰성은 규정된 성능 수준을 유지하고 오류를 방지할 수 있는 소프트웨어 능력으로 정의되며, 성숙성(Maturity), 결함허용성(Fault tolerance), 회복성(Recoverability) 등과 같은 부특성(subcharacteristics)으로 세분화된다.

(3) 사용용이성(Usability)

사용용이성은 사용자가 이해하기 쉬운 정도로서 정의되며, 이해성(Understandability), 학습성(Learnability), 운용성(Operability) 등과 같은 부특성(subcharacteristics)으로 세분화된다.

(4) 효율성(Efficiency)

효율성은 자원의 적절한 사용 및 적정한 반응 시간 정도로서 정의되며, 시간효율성(Time behavior), 자원효율성(Resource behavior) 등과 같은 부특성(subcharacteristics)으로 세분화된다.

(5) 유지보수성(Maintainability)

유지보수성은 소프트웨어의 수정 및 변경 등의 용이성으로 정의되며, 분석성(Analyzability), 변경성(Changeability), 안정성(Stability), 시험성(Testability) 등과 같은 부특성(subcharacteristics)으로 세분화된다.

(6) 이식성(Portability)

이식성은 다양한 운영 환경에서 운영될 수 있는 소프트웨어 능력으로 정의되며, 적응성(Adaptability), 설치성(Installability), 적합성(Conformance), 대체성(Replacement, Compatibility) 등과 같은 부특성(subcharacteristics)으로 세분화된다.

〈표 3-9〉 ISO/IEC 9126 품질특성과 품질 부특성

품질특성	품질 부특성	정 의
기능성 (Functionality)	적합성(Suitability)	사양화된 태스크에 대하여 일련의 기능존재 및 적절한 기능을 가지는 소프트웨어의 성질
	정밀성(Accuracy)	올바른 규격 또는 일치된 결과나 효과를 나타내는 소프트웨어의 성질
	상호운영성 (Interoperability)	법과 규범 및 표준에 의존하여 사양화된 시스템과 상호 운용능력을 나타내는 소프트웨어 속성
	안전성(Security)	프로그램이나 데이터에 대하여 우발적이거나 고장에 의한 것이 아닌 부당한 액세스를 방지하는 속성
	기능준수성 (Functionality Compliance)	기능에 관련된 법률이나 동일한 형태의 규칙에 의한 규격, 협정, 규칙에 따르는 소프트웨어의 적합한 속성
신뢰성 (Reliability)	성숙성(Maturity)	소프트웨어에 잔재하는 장애에 의한 고장빈도를 나타내는 속성
	결함허용성 (Fault tolerance)	소프트웨어 장해 또는 사양화된 인터페이스를 유지하지 않는 경우에 사양화된 실행 수준을 유지하기 위한 능력을 가지는 속성 신뢰성
	회복싱 (Recoverability)	고장 시에 소프트웨어의 실행수준을 재확인하여 직접적으로 영향을 받는 데이터를 회복하기 위한 능력과 필요한 시간을 가지는 속성
	신뢰준수성 (Reliability Compliance)	소프트웨어 제품이 신뢰성에 관련된 표준, 협정, 규칙에 따르는 속성
사용용이성 (Usability)	이해성 (Understandability)	소프트웨어의 논리적인 개념의 적용 가능성을 이해하는 사용자의 노력을 나타내는 속성
	학습성 (Learnability)	소프트웨어의 적용 (운용관리 , 입출력) 방법을 습득하기 위한 사용자의 노력을 나타내는 속성
	운용성 (Operability)	소프트웨어의 운용과 운용관리를 하기 위한 사용자 노력을 나타내는 속성
	사용용이준수성 (Usability Compliance)	소프트웨어 제품이 사용용이성에 관련된 표준, 협정, 규칙에 따르는 속성

품질특성	품질 부특성	정 의
효율성 (Efficiency)	시간효율성 (Time behavior)	소프트웨어의 기능을 실행할 때 응답시간과 처리시간을 나타내는 속성
	자원효율성 (Resource behavior)	소프트웨어의 기능을 실행할 때 사용한 자원의 양과 그 사용시간을 나타내는 속성
	효율준수성 (Efficiency Compliance)	소프트웨어 제품이 효율성에 관련된 표준, 협정, 규칙에 따르는 속성
유지보수성 (Maintainabi lity)	분석성 (Analyzability)	고장의 원인이나 결함 분석 , 또는 개정 가능한 부분의 정도와 사용시간을 나타내는 속성
	변경성 (Changeability)	개정을 위한 장해 제거 또는 환경 변경에 필요한 노력을 나타내는 속성
	안정성(Stability)	개정에 의해 예기되는 효과의 포함성을 가지는 속성
	시험성 (Testability)	소프트웨어의 타당성 검증에 필요한 노력을 나타내는 속성
	유지보수준수성 (Maintainability Compliance)	소프트웨어 제품이 유지보수용이성에 관련된 표준, 협정, 규칙에 따르는 속성
이식성 (Portability)	적응성 (Adaptability)	이식목적에 제공되는 작업이나 수단 외에는 이용하지 않고, 사양화된 다른 환경으로 소프트웨어를 적합 가능성을 나타내는 속성
	설치성 (Installability)	소프트웨어를 사양화한 환경에 도입하기 위해 필요한 노력을 나타내는 속성
	적합성 (Conformance)	이식성에 관계하는 규격이나 규정에 소프트웨어를 적합 시키는 속성
	대체성 (Replacement, Compatibility)	사양화된 다른 소프트웨어와 치환되어 그 환경에서 사용하기 위한 기회나 노력을 나타내는 속성
	이식준수성 (Portability Compliance)	소프트웨어 제품이 이식성에 관련된 표준, 협정, 규칙에 따르는 속성

　　사용상의 품질은 다음 〈그림 3-3〉에서와 같이 효과성, 생산성, 안전성 그리고 만족도 등 크게 4개 품질특성으로 분류된다. 사용상의 품질은 사용자 관점에서의 품질이며, 사용상의 품질을 달성한다고 하는 것은 요구되는 외부품질을 달성하는 것과 관계가 있으며, 이것은 간접적으로 내부품질을 달성하는 것과 관계가 있다.

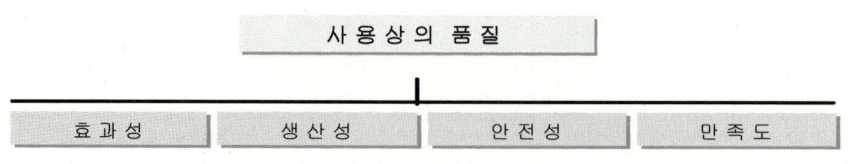

<그림 3-3> ISO/IEC 9126의 사용상의 품질 특성

사용상의 품질을 나타내는 특성 중의 하나인 효과성은 소프트웨어 프로덕트가 사용자에게 소프트웨어 사용측면에서 정밀성과 완전성을 기준으로 정의된 목표를 만족시키는 능력이다. 생산성은 소프트웨어 프로덕트가 사용자에게 소프트웨어 사용측면에서 효과대비 적정한 양의 자원사용을 기준으로 정의된 목표를 만족시키는 능력이다. 여기에서 자원사용은 작업완료에 소요되는 시간, 사용자 노력, 재료 또는 비용 관련 요소를 말한다. 안전성은 소프트웨어 프로덕트가 사용자에게 소프트웨어 사용측면에서 사람, 비즈니스, 소프트웨어, 자산, 환경에 미치는 위험이 인정해줄 만한 수준인가를 기준으로 정의된 목표를 만족시키는 능력이다. 여기에서 위험은 기능성, 신뢰성, 사용용이성, 유지보수성 등이 결핍되는 결과를 말한다. 그리고 만족도는 소프트웨어 프로덕트가 사용자를 소프트웨어 사용측면에서 만족시키는 능력이다.

3.3. 소프트웨어 프로세스 특성과 평가

소프트웨어 벤처기업을 대상으로 하고 있는 본 연구에서는 소프트웨어 프로세스 특성과 벤처기업의 프로세스 특성을 개략적으로 살펴보고, 대표적인 소프트웨어 프로세스 평가기법으로 널리 알려진 CMM(Capability Maturity Model), Bootsrap, TRILLIUM, SPICE(Software Process Improvement and Capability dEtermination)기법 등을 살펴보기로 한다. 이들은 소프트웨어 개발 조직의 프로세스 품질활동 등을 측정하는 모델로서, 적용범위와 방법에서 다른 기법보다 유연하다는 장점이 있어 국제적으로 확산되고 있다.

3.3.1. 소프트웨어 프로세스 특성과 벤처기업의 프로세스 특성

소프트웨어 제품은 복잡성(complexity)과 변경가능성(changeability) 그리고 비가시성(invisibility)의 특징으로 인해 완벽한 시험을 할 수 없기 때문에 제품이 개발되는 과정 즉 소프트웨어 프로세스(software process)의 관리가 필요하며, 이를 평가하고 개선하는 노력이 중요하다. 소프트웨어 개발 프로세스 행태에 따른 성과요인으로는 개발팀의 규모, 핵심인력의 존재유무, 개발 담당자의 지위 및 권한, 개발의 효율성 그리고 팀 내의 의사소통 등 개발팀 특성과, 연구개발능력, 마케팅능력, 조직 분위기, 조직구조, 외부와의 의사소통 등 조직차원의 행태요인이 제시되고 있다(이정원, 1994).

또한 소규모 기술집적기업은 그 특징으로 기술혁신이 중요시되며, 대부분의 내부 프로세스가 소규모로서 비공식적으로 진행된다(Pihlava, 1996). 소프트웨어의 개발프로세스 또한 많은 공학적 및 관리적 기술이나 방법론의 출현과 적용이 계속되고 있으나 개발자나 개발조직에서의 프로세스 정형화가 이루어지고 있지 못하다. 이에 따라 국제적인 프로세스 표준화 및 프로세스수준 평가모형이 발표되고 있으나, 이러한 모형에서 제시되는 프로세스는 전체적으로는 소프트웨어 개발업체에 적용할 수는 있겠으나, 현실적으로는 대규모 개발프로젝트나 대규모의 기업에서 업무 정보화생산성 및 수준향상을 위해 도입될 수 있는 것으로서(Brodman, 1994), 변화되는 신기술환경에 적응하면서 소규모 인력을 기반으로 하고 있는 벤처기업에는 부적합한 측면이 있다.

현실적으로 벤처기업을 대상으로 한 소프트웨어 프로세스 체계에 관련된 연구모형을 찾기는 쉽지 않다. 다만, PC용 소프트웨어개발 소규모기업을 대상으로 한 프로세스 개선에 관한 Pihlava(1996)의 연구에서 제시한

64

프로세스모형은 다음과 같다.

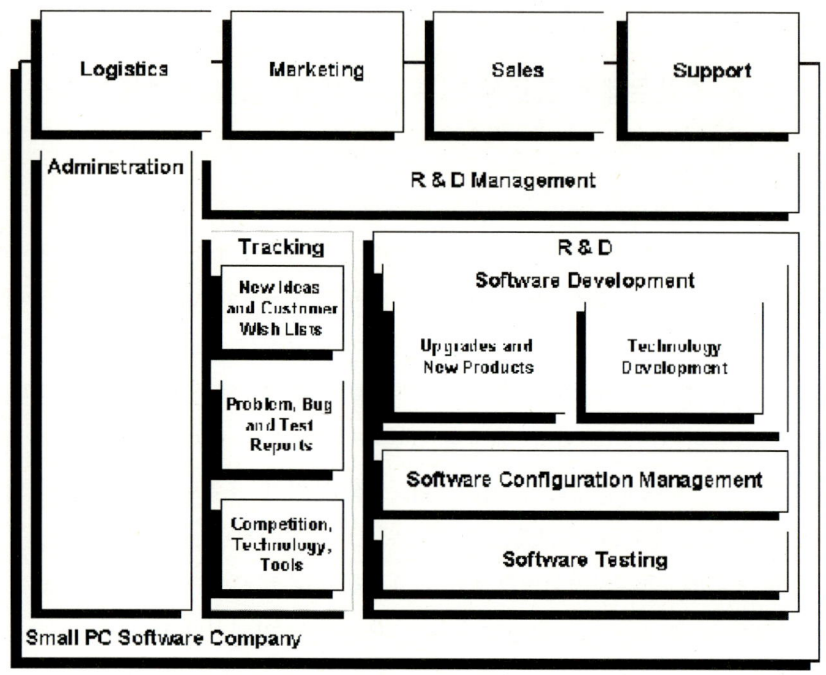

〈그림 3-4〉 소규모 PC 소프트웨어 업체의 프로세스 맵(Pihlava, 1996)

여기서 행정(administration)프로세스는 급여, 재정, 인력채용, 시설관리 등 기업활동을 지원하는 프로세스 중의 하나이다. 물류(logistics)프로세스는 제품의 재고관리 및 제품을 고객에게 전달하기 위해 주문, 포장 및 발송과 관련된 활동이며, 직접적 영업활동이나 인터넷을 통한 판매활동 그리고 재판매업자(retailer reseller), OEM(Original Equipment Manufacturer), VAR(Value Added Reseller) 등의 간접적인 거래업체와의 소통을 담당하기도 한다. 마케팅프로세스는 고객을 발굴하고 만족할 수 있도록 전략적으로 제품을 정의하는 활동을 포함하며, 제품의 차별화된 이미지형성이나 부가가치 향상과 관련된 의사결정을 담당한다. 영업(sales)프로세스는 주로 제품의 시연(demonstration) 등 직접적인 판매활동과 더불어 영업과 관련된 행정업무(sales-related administrative duties)를 담당하며, 구매고객으로 결정되었을 때의 가격협상을 처리한다. 기술지원(technical support)은 교육서비스와 더불어 고객을 지속적으로 지원하여 기존고객이 반복 구매할 수 있는 수준으로 유지하는 활동이다. 연구개발(research & development)관리는 새로운 제품 또는 버전(version)의 사양 결정, 추진일정과 예산을 수립하는 활동이며, 복수 프로젝트 사이의 인원배치나 신규개발자의 채용요구 등 자원관리를 포함한다. 연구개발(R&D)에서 소프트웨어개발은 신제품의 개발 및 갱신(revision)과 신기술개발 프로세스로 나누어지며, 그 외에 소프트웨어 형상관리(configuration management), 시험(testing) 및 추적(tracking) 프로세스로 구성된다.

3.3.2. CMM(Capability Maturity Model)

CMM(Capability Maturity Model)은 미국 국방성의 지원으로 카네기멜론(Carnegie-Mellon)대학의 SEI(Software Engineering Institute)에서 개발한 소프트웨어 수행능력 성숙도 평가모형으로서 주로 소프트웨어 개발 및 공급업체를 대상으로 한 제품개발과 소프트웨어 획득(acquisition) 등 소프트웨어 프로세스와 관련된 수행능력 평가프로그램이다.

(1) CMM 모형의 출현배경과 개요

CMM 모형은 1984년 미국의 카네기멜론대학 내에 설립된 SEI(Software Engineering Institute)에서 조직의 소프트웨어 프로세스 실행수준을 성숙시키기 위해 능력을 심사하고 그 심사결과에 따라 프로세스개선의 도구로 사용하기 위해 개발되었다.

이는 소프트웨어 엔지니어링 업무를 수행하는 사람들의 소프트웨어 구매, 개발, 운영 기술과 이를 위한 조직적, 관리적 프로세스를 성숙시킴에

66

따라 소프트웨어 엔지니어링 실행수준을 개선할 목적을 갖고 있다. 다시 말하면 소프트웨어 개발 및 유지 보수 능력을 향상시키기 위한 프로세스적인 접근방법을 제공하는 모델로써, 조직의 소프트웨어 프로세스 수준을 정의하고, 이행하고, 측정하고, 관리하고, 향상시킴으로써 조직이 성숙해가는 단계를 나타낸 것이다.

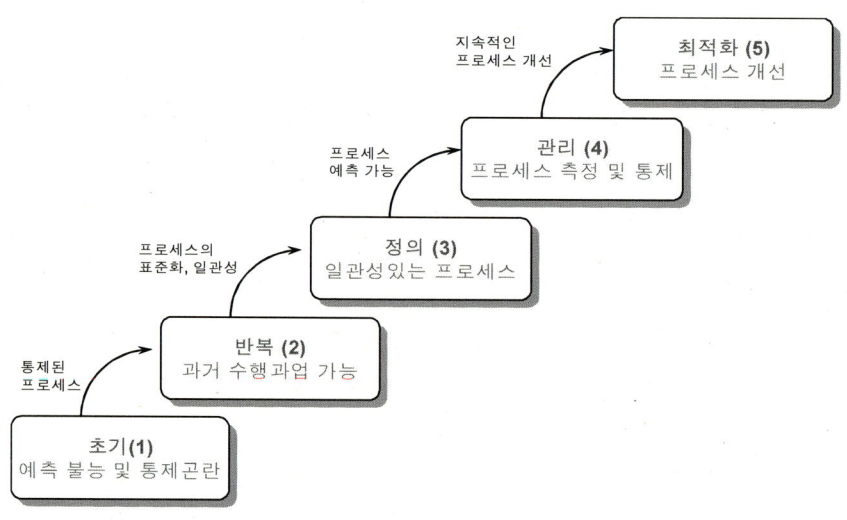

〈그림 3-5〉 CMM의 소프트웨어 프로세스 성숙도수준

CMM에서는 위의 〈그림 3-5〉에서 보는 바와 같이 소프트웨어 개발조직의 프로세스 성숙단계를 초기(initial) - 반복(repeatable) - 정의(defined) - 관리(managed) - 최적화(optimizing) 등 5단계로 설명하며, 단계가 향상될수록 프로젝트의 위험(risk)은 상대적으로 줄고 생산성은 향상됨을 의미한다. CMM에서 제시되는 5개의 성숙도 단계 중에서 초기(initial) 단계는 프로세스를 예측할 수도 없고 관리도 빈약하여 체계적인 관리나 프로젝트 산출물의 관리는 없는 수준을 나타낸다. 반복(repeatable) 단계는 이전에 성공적으로 끝난 태스크(Task)나 프로젝트를 다음의 프로젝트에서 그대로 활용하여 사용할 수 있는 단계로 산출물이나 관리 산출물을 재활용할 수

있는 수준이며, 정의(defined) 단계는 프로세스의 각 용어나 절차에 대해 명확히 정의되어 있고 조직 구성원 전체가 그것을 공유하여 활용하는 단계로서 프로세스의 특징이 잘 정의되고 상당한 이해 수준에 도달한 수준으로서, 이 단계부터 프로세스에 대한 체계적인 측정이 가능하며, 관리 (managed) 단계에서는 프로세스가 측정되고 프로세스의 상한선과 하한선이 명확히 정의되며 관리 영역 내에서 프로세스가 이루어지도록 통제되는 수준을 나타내고, 마지막으로 최적화(optimizing)단계는 프로세스의 효율성을 높이기 위해 자체적으로 프로세스를 개선하거나 혁신할 수 있는 수준을 나타내고 있다.

공통 특성(common features)은 이행 방침, 이행 활동, 이행 능력, 측정과 분석, 이행 검증 등으로 이루어지며, 각 핵심프로세스영역(KPA)의 핵심사례(key practice)를 구조화한 것이다. 그리고 핵심사례(key practice)는 핵심프로세스영역(KPA)을 위한 기초적인 정책, 절차 및 활동들을 서술한 것으로 공통특성(common features)으로 구성되며, "어떻게" 하는지를 지시하는 것이 아니라 "무엇"이 행해져야 하는지를 설명해주고 있는 항목이다.

요약하면, CMM에는 총 5개의 성숙도 단계가 있으며, 각 단계별로 각 단계를 정의하는 핵심프로세스영역(KPA)이 0~7개 있어 총 18개의 핵심프로세스영역(KPA)이 설정되어 있으며, 각 핵심프로세스영역(KPA) 당 2~4개로서 총 52개의 핵심프로세스영역 목표(KPA Goals)가 있고, 각 핵심프로세스영역(KPA) 당 프로세스 이행을 위한 핵심사례(Key practice)가 1~n개가 있어 총 316개의 핵심사례(key practice)를 갖고 있는 구조를 가지고 있다.

<표 3-10> CMM 단계별 활동 특성

단계	1단계: 시작	2단계: 반복	3단계: 정의	4단계: 관리	5단계: 최적화
목적		반복적인 프로세스	일관성 있는 프로세스	예측 가능한 프로세스	지속적인 개선 프로세스
상태	예측불가능하고 통제가 불충분함	프로젝트관리 프로세스가 문서화되고, 이를 반복적으로 사용함	잘 정의된 프로세스에 따라 프로젝트가 관리됨	프로세스가 측정되고 통제됨	프로세스의 개선에 초점을 두게 됨
품질	작업자의 능력에 따라 품질 및 성과가 좌우됨	프로젝트 성과가 과거 성공을 반복하는 수준으로 나타남	정의된 프로세스 및 역할 수행에 의해 품질 구현	고객의 욕구 이해가 품질관리 철학의 일부로서 정착됨	프로세스의 지속적인 개선을 통해 품질향상
프로세스 관리특성	비정형의 예측 불가한 프로세스가 특징임	프로세스가 잘 정의되고 수행되도록 조직방침을 수립	산출물과 해당 산출물에 대한 완료기준을 정의	통계적 프로세스관리 원칙을 적용하기 위해 프로세스 변동의 원인 이해	지속적으로 불량한 품질을 발견하고 이를 제거함
핵심프로세스 영역(KPA)		−S/W형상관리 −S/W품질보증 −하도급업체 관리 −프로젝트추적 −프로젝트계획 −요구사항관리	−동료검토 −그룹 간 조정 −S/W제품공학 −통합된 S/W 관리 −교육프로그램 −조직프로세스 정의	−품질관리 −정량적 프로세스관리	−프로세스변경관리 −기술혁신 −결함 예방

(출전: 김현수, 1999, p.77; 참조보완)

이 CMM은 원래 미국 국방성에서 소프트웨어 개발업체 선정프로그램 (SCE: Software Capability Evaluation)으로서 프로세스평가 방법으로 개발·적용 되었다(Rugg, 1993). 기타 소프트웨어 품질 인증을 위해 CMM 모형을 적용한 휴즈, 씽커, 쉴럼버거, Raytheon, GTE의 사례를 살펴보면, 비용과 일정을 통제할 수 있게 되었고, 문제 발생이 현저히 감소하고, 내부 직원들의 사기가 진작되며, 의사소통이 더욱 원활해지고, 고객의 만족도가 개선되는 등 경쟁 우위를 확보하게 된 것으로 나타나고 있다.

(2) CMM 모형의 핵심프로세스영역

CMM 평가모형의 구조를 살펴보면 〈그림 3-6〉에서와 같이 각 단계별 핵심프로세스영역(KPA: key process area)을 정의하고 있다. 또한 이 핵심프로세스영역 별로 달성해야 할 목표와 실무절차 및 핵심사례를 포함하고 있어서 조직에서는 다음 단계로 성숙도를 향상하기 위한 지침을 제공받을 수 있다.

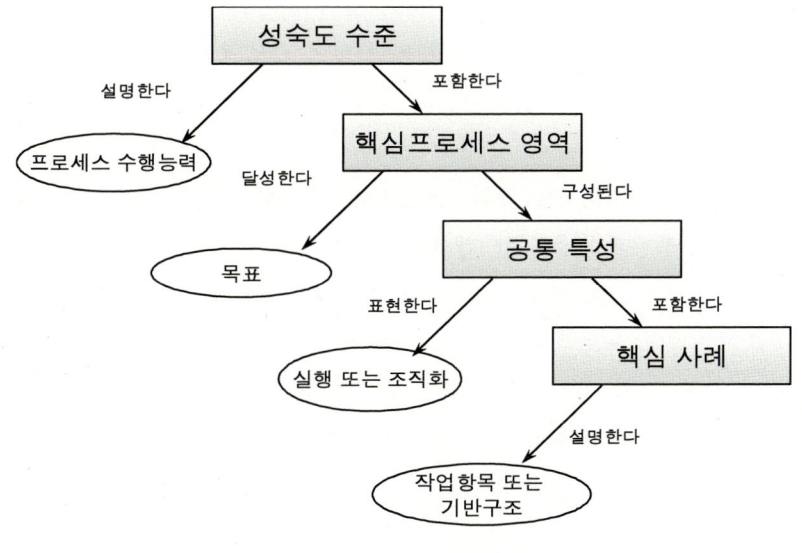

〈그림 3-6〉 CMM의 구조

여기에서 핵심프로세스영역은 조직의 프로세스 능력을 수립하는 데 있어서의 주요한 구축 블록(block)으로 프로세스 개선의 주요 분야가 되며, 성숙도 단계를 달성하기 위해 반드시 달성해야 할 이슈들을 정의한 것으로서, CMM에는 총 18개의 핵심프로세스영역(KPA)이 있다. 핵심프로세스영역(KPA)에서 달성해야 할 목표(KPA goals)는 이를 달성하였을 경우 프로세스 능력이 개선되는 프로세스 목표로서 핵심사례(key practice)를 요약 정리한 것이며, 각 성숙도 단계의 프로세스 능력을 확대하는 데 중요하게 고려하며, 심사 팀 및 조직이 핵심프로세스영역(KPA)의 대안을 평가할 때 지침으로 활용할 수 있다.

이하에서는 CMM 모형의 5단계별로 정의된 핵심프로세스영역(KPA)에 대해 살펴본다(Paulk, 2001). 먼저 제2단계인 반복단계는 기본적인 프로젝트 통제 설정과 관련된 소프트웨어 프로젝트 주제로서 다음과 같은 6가지 핵심프로세스 영역이 설정되어 있다.

① 요구사항관리: 고객에 대한 이해와 고객이 요구하는 소프트웨어 요구사항에 대한 소프트웨어 프로젝트 사이의 공통된 이해를 목적으로 하며, 고객과의 합의는 소프트웨어 프로젝트 계획과 프로젝트 관리의 기초가 된다.

② 소프트웨어 프로젝트 계획: 소프트웨어 엔지니어링 수행과 소프트웨어 프로젝트관리에 대한 합리적인 계획을 목적으로 하며, 이러한 계획은 소프트웨어 프로젝트관리에 필요한 근거가 된다.

③ 소프트웨어 프로젝트 추적: 소프트웨어 프로젝트 성과가 계획과 차이가 생길 때 관리자가 효과적으로 조치를 취할 수 있도록 실제 공정상의 가시성을 확보하기 위한 목적이다.

④ 소프트웨어 하도급관리: 자격 있는 하도급업체의 선정과 효과적인 관리를 목적으로 한다.

⑤ 소프트웨어 품질보증: 프로젝트에 적용된 그리고 프로덕트가 작성되는 프로세스에 적절한 가시성을 제공하기 위한 목적이다.

⑥ 소프트웨어 형상관리: 소프트웨어 프로젝트의 수명주기상 프로덕트의 무결성을 유지하기 위한 목적이다.

제3단계인 정의단계에서는 조직은 효과적인 소프트웨어 엔지니어링 및 관리 프로세스의 내재화를 통해서 기반구조를 설정하며, 프로젝트와 조직적인 주제로서, 다음과 같은 7가지 핵심프로세스 영역이 설정되어 있다.

① 조직 프로세스 중점: 조직의 전반적인 프로세스 능력을 향상하기 위해 소프트웨어 프로세스 활동에 대한 조직적 책임을 설정한다.

② 조직 프로세스 정의: 조직 프로세스 자산의 집합을 개발하고 유지한다. 여기에서 조직 프로세스 자산은 프로세스 성과 향상과 정량적 프로세스 관리에 대한 의미 있는 데이터 제공을 위한 근거가 되며, 교육훈련과 같은 체계를 통해서 조직에 내재화될 수 있는 안정적 기초를 제공한다.

③ 교육훈련 프로그램: 개인의 능력과 지식을 배양하는 것을 목적으로 하며, 교육훈련은 조직의 책임으로서 프로젝트에 필요한 지식과 능력을 식별해야 한다.

④ 통합 소프트웨어 관리: 조직의 표준 프로세스와 관련 프로세스 자산으로부터 비즈니스 환경과 프로젝트의 기술적 요건에 근거한 최적화 및 조정을 통해서 소프트웨어 프로세스를 정의한다.

⑤ 소프트웨어 프로덕트 공학: 정확하고 일치된 프로덕트를 효과적이고 효율적으로 생산하기 위해 모든 소프트웨어 공학 활동을 통합하여 세련된 엔지니어링 프로세스를 수행하는 것을 목적으로 하며, 프로젝트의 기술적 단위작업 예를 들면 요구분석, 설계, 코딩 및 시험 등을 포함한다.

⑥ 그룹 간 조정: 소프트웨어 공학그룹이 다른 엔지니어링 그룹과 참여하는 수단을 확보한다.

⑦ 동료 검토: 조기에 성과물의 결함을 효율적으로 제거하는 것을 목적으로 하며, 검사, 구조화된 워크스루(walk-through) 또는 다수의 동료검토 작업방법을 통해서 실행된다.

4단계인 계량화단계에서는 프로세스와 프로덕트의 정량화된 이해를 확보하는 것을 목표로 하며, 다음과 같은 2가지 핵심프로세스 영역이 설정되어 있다.

① 정량화된 프로세스관리: 프로젝트를 정량적으로 한 프로세스 성과통제를 목적으로 한다. 여기서 프로세스 성과는 프로세스를 통해서 획득된 실제 결과이다. 초점은 일시적인 편차가 나타난 상황을 수집하고 측정 가능한 안정된 프로세스 내에서 편차의 원인을 식별하는 것이다.

② 소프트웨어 품질관리: 품질목표의 달성과 프로덕트 품질의 정량적 이해를 목적으로 한다.

5단계인 최적화단계에서는 조직과 프로젝트 이슈로서 지속적이고 정량적인 프로세스 개선을 목표로 하며, 다음과 같은 3가지 핵심프로세스 영역이 설정되어 있다.

① 결함예방: 결함의 원인의 식별, 재발 방지를 목적으로 한다. 프로젝트에서 나타난 결함을 분석하고 원인을 식별하여 정의된 소프트웨어 프로세스를 변경할 수 있다.

② 기술변화 관리: 도구, 방법, 프로세스 등과 관련된 새로운 효과적인 기술을 식별하고 조직 내에 절절한 방법으로 전파하는 것을 목적으로 한다. 다양한 환경 변화에 따라서 효과적인 혁신을 수행해야 한다.

③ 프로세스 개선관리: 조직에 사용된 소프트웨어 프로세스의 지속적 개선을 목적으로 하며, 소프트웨어 품질개선, 생산성의 향상, 프로덕트 개발의 수명주기 시간을 단축해야 한다.

〈표 3-11〉 소프트웨어 프로덕트 환경에 의한 KPA 분류

프로젝트 관리 환경			
반복	정의	관리	최적화
-소프트웨어 프로젝트 계획 -소프트웨어 프로젝트 추적	-통합 소프트웨어 관리	-계량적 프로세스 관리	
프로덕트 개발 환경			
반복	정의	관리	최적화
-요구사항 관리 -소프트웨어 형상관리 -소프트웨어 하청업체 관리	-소프트웨어 프로덕트 공학 -그룹 간 조정 -동료검토	-소프트웨어 품질 관리	-결함 예방
조직 환경			
반복	정의	관리	최적화
-소프트웨어 품질 보증	-조직 프로세스 정의 -조직 프로세스 중점 -교육 프로그램		-기술 변화관리 -프로세스 변경 관리

(출전: Raynus, 1999, p.92)

(3) CMM 모형의 주요 프로세스 개념

CMM 모형에서 제시하고 있는 주요 프로세스에 대한 개념을 살펴본다 (Raynus, 1999).

① 소프트웨어 프로세스 정의

소프트웨어 프로세스 정의(process definition)는 고급수준의 성숙도를 달성하기 위해서 필요한 기본적인 프로세스이다. 이 프로세스는 조직의 표준 소프트웨어 프로세스에서 출발하며, 조직의 표준 소프트웨어프로세스는 각 소프트웨어 프로젝트에서 적용해야 되는 기본적인 프로세스 요소들을 정의한 것이다. 특히 프로세스 요소들 사이의 관계를 순서와 인터페이스 중심으로 설명함으로써, 조직 내에서 소프트웨어 개발작업을 수행할 때 일관성을 확보하게 하며, 장기적인 안정성 및 개선에 필수적인 것이다.

  조직의 표준 소프트웨어 프로세스는 조직 수준에서 공식적인 절차에 의해서 기술되고, 관리, 통제 및 개선되어야 하며, 프로젝트 수준에서 적용할 프로세스를 정의할 때 해당 프로젝트 특성과 유용성을 반영하게 된다. 즉 프로젝트 표준 소프트웨어 프로세스는 조직의 표준 소프트웨어 프로세스를 조정(tailoring)함으로써 정의된 소프트웨어 표준, 절차, 도구 및 방법을 말한다.

  ② 프로세스 정의

  CMM 모형에서 프로세스에 대한 정의는 프로덕트의 개발과 유지관리와 유사한 방식으로 개발 및 유지관리되어야 한다. 프로세스 정의에 대한 요구사항이, 해당 프로젝트나 조직적 상황에 설명되고, 아키텍처, 설계, 구현되어야 하며, 프로세스가 의도하는 대로 측정을 통한 확인, 프로세스의 배포를 통한 확산 운용에 이르기까지 포함되어야 한다.

  프로덕트 개발과 유사한 개념에서, 소프트웨어 프로세스 개발 및 유지관리에 대한 틀(framework)이 전개되어 이러한 개념이 더욱 구체적으로 프로세스 개발원리에 적용되어야 한다.

  ③ 조직의 표준 소프트웨어 프로세스

  조직 내에서 소프트웨어 프로젝트의 공통적인 소프트웨어 프로세스를 설정하는 지침이 되는 기본프로세스를 운영적으로 정의한 것이 조직의 표준 소프트웨어 프로세스이다. 소프트웨어 프로세스 요소들의 관계는 소프트웨어 프로세스 아키텍처라고 불려지기도 한다. 이 소프트웨어 프로세스 아키텍처는 소프트웨어 프로세스 요소들의 관계를 인터페이스, 의존성 그리고 다른 외부 프로세스 예를 들면 시스템공학, 하드웨어공학 및 계약관리 등과 같은 다른 외부 프로세스들과의 관계를 설명한다.

  소프트웨어 프로세스 요소는 소프트웨어 프로세스 설명의 구성항목을 말하며, 각 프로세스 요소는 잘 정의된, 결합된 그리고 소프트웨어 견적요소, 설계요소, 코딩요소 및 동료검토요소 등과 같은 관련 태스크 집합들과 밀접하게 연관되어 있다.

(4) CMM 모형에 대한 비평과 반론

이상의 CMM 모형을 비평하는 연구(Bach, 1994; Jones, 1995)와 특히 소프트웨어 능력평가에 대해서 몇 가지 비평이 제기되었는데(Bollinger, 1991; Saiedian, 1995; O'Connell, 2000), 요약하면 다음과 같은 내용들이다.

① 소프트웨어 CMM 모형은 성공적인 소프트웨어 프로젝트에 대한 핵심 요인의 전부를 중요하게 다루고 있지 않다. 즉 비소프트웨어 원리들 예를 들면 시스템엔지니어링, 마케팅, 유능한 소프트웨어요원의 확보 및 유지, 전략적 비즈니스 계획 등을 중요하게 다루고 있지 않다.

② 소프트웨어 CMM 모형은 이해하기 어려운 대량의 복잡한 문서이다.

③ 소프트웨어 CMM 모형은 계약하에서 수행되는 작업을 대상으로 하는 대규모 조직을 주로 다룬다.

④ 성숙도수준은 프로세스 능력에 대한 척도로서는 너무 거칠게 평가된다. 즉 복잡한 이슈들의 집합을 너무 지나치게 간략화하고 있다.

⑤ 핵심프로세스 영역(KPA)이 정적인 것으로서, 프로세스의 진화적 관점을 제공하지 못한다. 즉 특정 프로세스의 구현, 통제, 개선에 대해서 책임을 진 개인에게만 가치가 있다.

⑥ 비전문가에겐 소프트웨어 CMM의 조정 및 확장이 어렵다.

⑦ 심사 특히 소프트웨어 능력 심사가 교육훈련이 안된 평가자로 인해서 일치성, 신뢰성이 없는 결과가 빈번히 나타난다.

⑧ 심사가 식별된 문제에 대해 중요하게 반영된 개선조치를 결과로 유도하지 못한다. 따라서 소프트웨어 프로세스 개선이라고 하는 목적을 달성하지 못하게 된다.

이와 같은 비평에 대해서 또한 다음과 같은 반론들이 존재한다(Curtis, 1995; Humphrey 1991).

① 소프트웨어 CMM은 고의로 소프트웨어 프로세스에 중점을 두고 있으며, 다음 요인들은 예를 들면 통합품질관리(TQM)과 같은 대형 프로그램의 일부로서 중요하게 처리되어야 한다. 소프트웨어 CMM 이외의 다른 CMM 모형은 이러한 이슈들을 다루는데 조직을 돕는다.

② 소프트웨어 CMM은 계층적으로 구조화되어 있으며, 전형적인 틀은 18개 핵심프로세스영역(KPA)과 52개 목표항목(goals)을 두고 있다. 나머지 부분은 CMM 사용자들에게 의도하는 것을 해석할 수 있게 되어 있고, 핵심사례에 대한 지침은 핵심사례와 목표가 의미하는 바를 이해하는 데 도움을 주도록 작성된 것이다.

③ 소프트웨어 CMM은 성숙도수준의 관점에서 조직의 능력을 명료하게 설명한다.

④ 소프트웨어 CMM은 프로세스 개선과 관련된 핵심 이슈를 조직에게 강조하고 있다. 어떤 소프트웨어 조직에서라도 일반적으로 개선의 우선순위를 식별할 수 있게 한다.

⑤ 교육훈련은 SEI 및 권한을 갖는 심사자 및 평가자에게 가능하다.

⑥ SEI는 소프트웨어 프로세스 성숙도를 경쟁력의 요건으로 식별하기보다는 소프트웨어 업체를 선택할 때 고려하는 용도로 사용할 것을 권고하고 있다.

⑦ 소프트웨어 업체를 선택하고 모니터링 목적으로 정부나 기업에서 소프트웨어 CMM을 사용할 때, 많은 업체들이 소프트웨어 프로세스 개선에 방해가 된다는 점을 고려해야 한다.

⑧ 소프트웨어 CMM은 진화과정에서 수많은 소프트웨어 전문가들의 검토를 거친 것이다.

⑨ 대부분의 CMM 사용자들은 미국과 유럽의 매년 소프트웨어공학 프로세스 그룹 회의와 자체 소프트웨어 프로세스개선 네트워크에서 서로 교류가 있었다.

⑩ 소프트웨어 CMM은 세계적으로 소프트웨어 프로세스 개선에 있어서 사실상의 표준이 되었다.

3.3.3. Bootstrap 모형

Bootstrap은 소프트웨어프로세스 평가와 품질측정 및 개선을 위해 유럽에서 1991년부터 1993년까지 수행된 ESPRIT(European Strategic Program for Research in Information Technology) 프로젝트에서 CMM을 기반으로 ISO 9000-3의 요구사항을 수용하여 개발되었으며(Koch, 1993), 주요 목적은 유럽지역의 소프트웨어 사업자 등의 소프트웨어 프로세스 능력 수준의 향상 및 소프트웨어 공학기술의 응용속도를 증가시키기 위한 것이었다. 이 기법은 조직의 프로세스품질을 평가하는 기법으로서 소프트웨어개발조직(SPU: Software Producing Unit)의 강점과 약점을 도출하는 데 사용할 수 있다. 이 기법에서는 소프트웨어프로세스를 품질속성(quality attributes)의 계층이라는 관점에서 파악하며, 속성은 기본 속성이나 또는 다중의 속성(multiple attributes)으로서 구성되며 조직의 품질수준을 결정하기 위해서 각 기본 속성을 평가하는 데는 소프트웨어 메트릭(software metric)이 사용된다. 이를 이용하여 조직 내부에서 주기적으로 프로세스품질을 평가하여 성숙도를 결정할 수 있으며(Hasse, 1994), CMM에서 단일차원의 성숙도수준과는 달리 조직수준과 프로젝트수준에서의 프로세스 품질수준을 별도로 평가할 수 있다(Koch, 1993). BOOTSTRAP 평가방법에서 포함하고 있는 3개 차원은 다음과 같다.

- 조직: 관리 및 리더십의 역할
- 방법론: 소프트웨어 개발 및 프로젝트 수행의 방법
- 기술: 프로세스 최적화 또는 자동화와 생산성 향상을 위해 사용되는 개발도구

특히 이 모형은 현재 상태의 평가뿐만 아니라, 평가결과를 실행방안으로 전환하기 위한 방법과 우선순위에 대한 지침을 제공하는 장점이 있다. 평가

대상으로 하는 조직은 SPU(software producing unit)라고 하는 전체 조직과 뿐만 아니라 소프트웨어 프로젝트를 대상으로 한다. 여기서 SPU는 소프트웨어 개발에 대한 정책과 절차를 설정하는 범위이며, 프로젝트는 이 절차를 실행하는 범위로서, CMM 모형과 비교한다면 조직의 표준프로세스와 프로젝트에서 정의한 소프트웨어 프로세스가 각각 해당된다고 보면 된다.

또한 BOOTSTRAP모형의 프로세스 아키텍처는 프로세스 범주, 프로세스 영역, 그리고 프로세스와 모범사례 등을 반영한 계층구조로서 표현되는데, 프로세스 범주는 조직, 방법론, 그리고 기술로서 이루어지며 각각의 내용은 다음 〈그림 3-7〉에서와 같이 나타낼 수 있다.

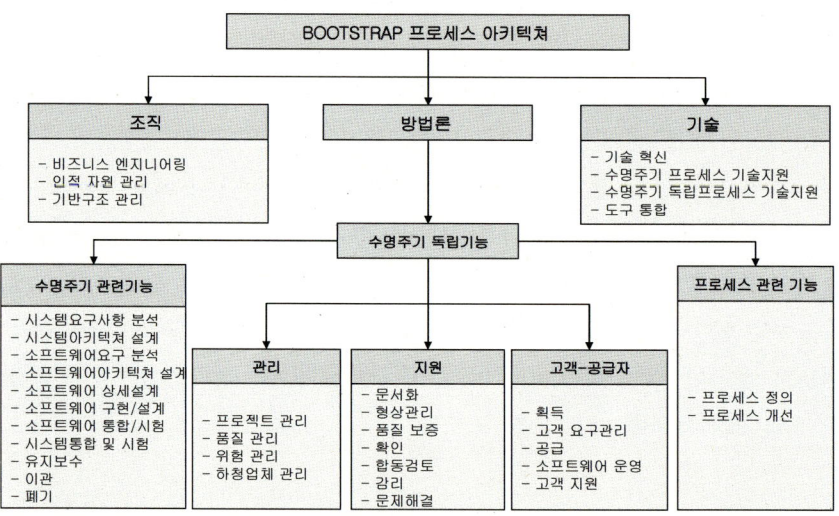

(출전: Kuvaja, 2001, p.100)

〈그림 3-7〉 BOOTSTRAP 프로세스 아키텍처(V. 3.0)

여기서 첫 번째 프로세스 범주는 조직프로세스로서 ISO 9000-3의 정의를 따른 것으로, TRILLIUM주로 인원 및 작업조직을 포함한다. 여기서 인원조직은 기능, 역할, 그리고 책임을 고려하며, 작업조직은 소프트웨어 개발활동의 계획, 구현 그리고 통제를 고려한다.

BOOTSTRAP의 평가결과는 CMM의 5단계 성숙도 모형에서와 같이 불완전(incomplete) - 수행(performed) - 관리(managed) - 확립(established) - 최적화(optimising) 등 5등급으로 제시되며(Kuvaja, 2001), 둘 사이의 단지 차이점은 BOOTSTRAP의 평가결과는 하나의 통합된 숫자로서가 아니라 핵심속성(key attribute)의 프로파일 형태로 제시된다는 점과 평가영역이 단지 하나의 능력수준으로 한정되지 않고 여러 수준을 포함할 수 있다는 점이 다르다.

최종적으로 제시되는 평가결과 보고서에는 프로세스 품질성과 프로파일과, 강약점 분석 그리고 특정한 개선활동이 권고되는 핵심영역 식별내용이 작성된다. 또한 평가결과는 SPU 평가결과와 프로젝트 평가결과로 나뉘어서 제시되며, 각 내용에는 BOOTSTRAP 도구와 데이터베이스로부터 추출된 관련 데이터로부터 계산된 값으로서 다음 항목을 포함한다.

- 프로세스 성숙도: 능력 평가에서 고려된 핵심 속성을 그래픽으로 표현
- 조직 또는 프로젝트 프로파일: 모든 방법론 속성이 바차트 형태로 표시
- SPU/프로젝트 프로파일: 조직, 방법론, 그리고 기술의 모든 주요 속성을 하나의 바차트 형태로 표시
- 유럽 상대 프로파일: 유럽 전체를 통해서 SPU/프로젝트의 성숙도수준에 대한 평균 위치를 표시
- 국가 상대 프로파일: 국가 전체를 통해서 SPU/프로젝트의 성숙도수준에 대한 평균 위치를 표시

또한 조직에서 평가 중에 획득된 성숙도 프로파일과 추가적인 정보를 분석하여 다음 〈표 3-12〉와 같은 분석매트릭스가 제공된다. 이것은 조직에서의 소프트웨어 개발영역별로 중요시해야 할 영역을 보여주는 것이다.

〈표 3-12〉 분석 매트릭스의 사례

조직의 중요도	현재 상태			
	우수	보통	기본	없음
아주 중요함		-위험관리	-개발모델 -시험	-형상관리 -프로젝트관리
높음			-아키텍처 설계 -계약관리	-아키텍처 설계 -품질보증 시스템
보통		-교육	-프로세스 통제	-프로세스 관리
낮음				

　　최종적으로 평가결과에 대한 확인과 조정을 거쳐서 목표 프로파일의 정의, 우선순위 식별, 개선활동 정의 그리고 추진일정 및 계획이 수립되며, 그 결과로부터 작성되는 BOOTSTRAP 보고서 중에서 활동계획의 템플릿이 다음 〈표 3-13〉에 제시되고 있다.

〈표 3-13〉 BOOTSTRAP 보고서 중 활동계획의 템플릿

1. 평가 목표 및 목적	7. 활동 계획
2. 평가 범위 및 성과	7.1. 활동(프로젝트)
3. 최고경영층을 위한 요약	7.2. 목표 프로파일
4. 현재 상태 분석	7.3. 우선순위
5. 강약점 개요	7.4. 위험
6. 영향에 대한 추가 요인	7.5. 계획일정
	7.6. 조직
	부록: 프로젝트 상태 및 활동 요약

3.3.4. TRILLIUM 모형

　　벨캐나다社에서는 소프트웨어 품질보증을 위해 공급자관점에서 소프트웨어 제품개발 프로세스를 평가하여, 관련 위험을 최소화하고 구매된 소프트

웨어 시스템의 성능과 적기 인도를 위해 평가모형이 필요하였다(Coallier, 2001). 1991년 이른바 TRILLIUM 평가모델이 북부텔레콤(Northern Telecom)과 벨연구소(Bell Northern Research)의 합작으로 탄생되었는데, 미국의 CMM의 영향을 받아 조직의 제품개발과 지원능력을 벤치마크하여 상업적 관점을 띠고 있다.

TRILLIUM 모형에서는 능력(capability)을 경쟁적 상업 환경에서 프로덕트의 납품 및 지원이나 기존 프로덕트의 개선에서 일관성 있고 예측가능하는 조직의 능력으로 정의하고 있으며, 세부적으로 고객의 기대에 만족하고, 최소의 결함으로, 가장 적은 수명주기 비용과 짧은 납기를 능력 요소로 들고 있다. 즉 개발조직은 고객과 시장요구에 더욱 대응해야 하며 프로덕트의 수명주기 비용은 최소로 하면서 고객만족도는 최대로 해야 하고, 개발조직 자체에서도 높은 능력을 달성하기 위해서 낮은 개발비와 유지보수 비용 그리고 수명주기 시간과 개발 간격의 단축, 프로젝트 위험분석과 견적의 신뢰도 제고, 개발프로세스의 모든 단계에서의 계량화된 설계 및 품질을 만족하며 확인된 인도물 내용과 일정에서의 계획준수 능력이 요구된다고 본다.

TRILLIUM 모형의 적용범위를 살펴보면 당초에는 통신부문의 교환기 등 장비에서의 내장소프트웨어(embedded software)를 다루어왔으나, 현재에는 일반 MIS(management information system)와 같은 소프트웨어산업 영역에도 적용하고 있다. 또한 CMM 모형과의 차별성은 CMM에서 제시하는 핵심영역 대신에 로드맵에 기반한 개념을, 소프트웨어 대신에 프로덕트 관점을, 더욱 포괄적인 능력영향 이슈와 더욱 강력한 고객만족에 초점을 두고 있다. 다음 〈표 3-14〉에서는 능력영역별 로드맵과 해당 프로세스수준의 범위를 보여주고 있다.

〈표 3-14〉 TRILLIUM모형의 능력영역과 로드맵의 관계

능력영역	로드맵	수준 범위
조직 프로세스 품질	품질관리	2-4
	비즈니스프로세스 엔지니어링	2-3
인적자원 개발 및 관리	인적자원 개발 및 관리	2-4
프로세스	프로세스 정의	2-4
	기술 관리	2-4
	프로세스 개선 및 엔지니어링	2-4
	측정	2-5
관리	프로젝트 관리	2-4
	하청업체 관리	2-3
	고객-공급자 관계	2-3
	요구사항 관리	2-4
	견적	2-3
품질시스템	품질시스템	2-5
개발 모범사례	개발 프로세스	2-5
	개발 기법	2-5
	내부 문서화	2-4
	확인 및 검증	2-4
	형상관리	2-5
	재사용	2-5
	신뢰도 관리	2-4
개발 환경	개발환경	2-5
고객 지원	문제 대응 시스템	2-3
	사용성 엔지니어링	2-4
	수명주기 비용 모델링	2-3
	사용자 문서화	2-3
	고객 엔지니어링	2-3
	사용자 교육	2-3

(출전: Coallier, 2001, p.115)

위 내용 중에서 프로덕트개발 프로세스에 관련된 능력영역에 속한 로드
맵은 프로세스 정의, 기술 관리, 프로세스 개선 및 엔지니어링 그리고 측정
(measurement) 등 4개 요소이다(Coallier et al., 1994).

① 프로세스 정의: 프로세스 정형화를 위한 모범사례를 포함하며, 프로세스의 정의, 개발, 문서화 및 유지관리와, 프로세스 자산 라이브러리를 작성하고 유지한다.

② 기술 관리: 여기서 소개되는 기술은 방법, 기법 또는 도구가 될 수 있다. 프로세스에 이러한 기술의 도입, 모니터링, 평가를 위한 모범사례를 포함하며, 새로운 기술의 필요성 식별, 신기술의 선정, 평가, 파일럿 적용, 확보, 도입 및 구현을 포함한다.

③ 프로세스 개선 및 엔지니어링: 프로세스 개선활동에 관련된 모범사례를 포함하며, 프로세스 평가, 프로세스 개선 및 정의 활동의 조정, 프로세스 개선 프로젝트의 계획 및 추적, 개선의 전개, 프로세스 데이터의 수집, 기록 및 분석, 그리고 정량적인 프로세스 관리를 포함한다.

④ 측정: 측정시스템과 요소에 관련된 모범사례를 포함하며, 척도의 정의, 측정 데이터의 수집, 분석 및 저장, 프로세스 분석 결과에 대한 의사소통 그리고 통계적 프로세스 통제를 포함한다.

TRILLIUM의 평가결과는 5단계 수준으로 제시되는데, 1단계는 비구조화(unstructured)로서 임의의 개발프로세스를 유지하는 수준이며, 2단계는 반복프로젝트지향(repeatable and project oriented)으로서 기본적인 프로젝트기반 프로세스 수준을, 3단계는 정의프로세스지향(defined and process oriented)으로서 개발프로세스 기법을 구사하는 수준을, 4단계는 관리통합(managed and integrated) 수준을, 5단계는 완전통합(fully integrated)으로서 기술적인 도전수준을 나타낸다. 한편 TRILLIUM의 구조는 다음 〈그림 3-8〉에서와 같이 능력영역과 로드맵 그리고 모범사례(practice)로 구성된다.

84

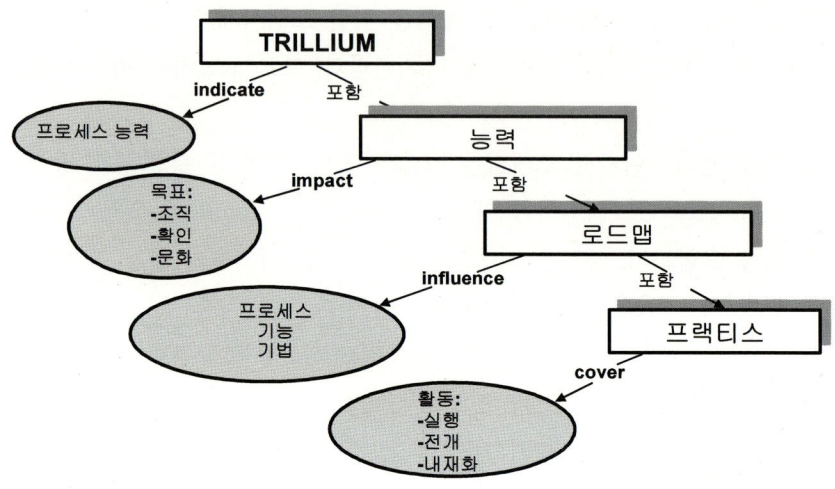

(출전: Coallier, 2001, p.113)

〈그림 3-8〉 TRILLIUM 구조

　　TRILLIUM 모형에서 설명하는 보범사례(practice)는 CMM 모형에서 '소프트웨어'를 '프로덕트와 서비스' 또는 '시스템'으로 대체하거나 아예 제거하는 것으로 설명될 수 있으며, '개발'은 '개발과 지원'으로 대체하거나 아예 제거하는 것으로 설명되는 특성을 가지며, 평가결과로 부여되는 프로세스 능력수준별로 다음 〈표 3-15〉에서와 같은 기본적인 특성을 갖는다.

<표 3-15> TRILLIUM 모형의 성숙도수준별 모범사례

단계	성숙도수준	모범사례 특성
1	비구조화	
2	반복 프로젝트	성공적 프로젝트에 기본적인 모범사례
3	정의 프로세스지향	개발 프로세스의 지속적 개선에 기본적이거나, 조직전체에서 고려되는 모범사례
4	관리 및 통합	CASE 기술 또는 고급 성숙도수준의 특성을 고려하는 모범사례 (예를 들면 변경관리, 결함예방의 통합, 통계적 프로세스 통제, 고급 척도)
5	완전 통합	프로세스 자동화, 공식 방법론 및 조직 저장소의 전략적 활용에 적용되는 고급기술에서 고려되는 모범사례

(출전: Zahran, 1998, p.376)

3.3.5. SPICE 모형

SPICE(Software Process Improvement and Capability dEtermination)평가모형은 1993년부터 ISO/IEC(International Standard Organization/International Electrotechnical Conference)의 소프트웨어공학 표준의 국제위원회(JTC1/SC7)에 소프트웨어 프로세스평가(process assessment) 작업그룹(WG10)에서 개발되었으며, 1995년 1월부터 현장에 적용되었다. ISO 9000에서 프로세스 개선활동의 추구를 간과하고 성숙도를 기반으로 한 평가지침이 없기 때문에, 이를 보완하기 위한 목적으로 개발하였다. SPICE는 CMM 등의 시도를 참조하여 프로세스 능력도 측정하고 개선방향도 제시하자는 의도가 있기 때문에 개발자의 능력평가, 조달을 위한 사전 입찰자격 결정, 개발과정의 통제 및 관리, 인수(acceptance)를 위한 기준 등으로 활용되고 있다(김현수, 1999).

수행능력 수준차원(capability level)

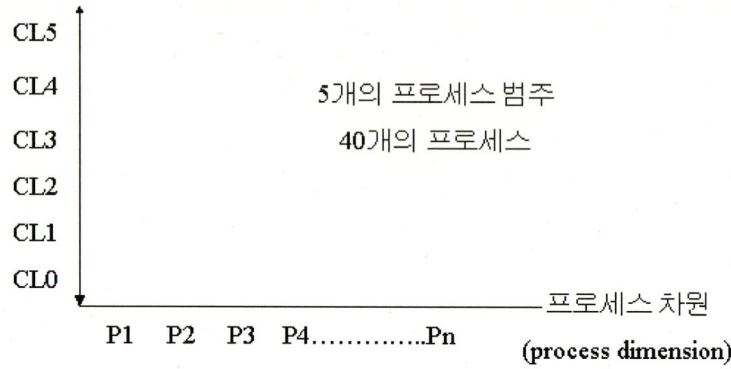

(출전: 김현수, 1999, p.181)

〈그림 3-9〉 SPICE의 2차원 참조모형

SPICE는 참조모형과 심사모형으로 구성되어 있으며, 참조모형은 〈그림 3-9〉에서와 같이 프로세스 차원(Process Dimension)과 수행능력 수준차원 (Capability Level Dimension) 등 2차원으로 구성되어 있다. 수행능력 수준 차원은 수준 0부터 수준 5까지의 6개 수준으로 구분되어 있고, 프로세스는 ISO/IEC 12207과 같은 주요 생명주기 프로세스, 지원생명주기프로세스, 조직 생명주기 프로세스 등으로 구성되어 있다.

여기서 5개의 프로세스 범주(process category)는 고객-공급자 관련 프로세스인 CUS(Customer-Supplier), 공학프로세스인 ENG(Engineering), 지원프로세스인SUP(Support), 관리프로세스인 MAN(Management), 조직 프로세스인 ORG(Organization) 등으로 구성되어 있으며, 프로세스 수행능력의 6개 수준은 불완전(Incomplete), 수행(Performed), 확립(Established), 관리(Managed), 예측(Predictable), 그리고 최적화(Optimizing) 등의 수준으로 구분하고 있다. 각 능력수준별 특징은 〈표 3-16〉에서와 같이 구분되며, 예를 들면 프로세스를 식별할 만한 작업 산출물이 없는 [수준 0]은 불완전단계로 정의되고, 조직차원의 표준 프로세스가 지속적으로 개선되어지는 [수준 5]는 최적화단계로 파악된다.

〈표 3-16〉 SPICE 수행능력 수준별 특징

프로세스 수준	명칭	특징	핵심프로세스 속성
수준 0	불완전 (Incomplete)	실무절차가 수행되지 않으며, 프로세스를 식별할 만한 작업 산출물이나 결과물이 없는 상태임	
수준 1	수행 (Performed)	개인이 자신의 작업을 계획하고, 자신의 작업 산출물에 대한 표준을 설정함	- 프로세스 수행
수준 2	관리 (Managed)	활동이 계획되고, 계획활동이 추적되는 단계로서 작업산출물이 정의된 표준에 대비하여 확인됨	- 수행관리 - 작업산출물 관리
수준 3	확립 (Established)	활동이 조직차원의 표준과정에 의해서 계획되고 관리됨	- 프로세스 정의 - 프로세스 자원
수준 4	예측 (Predictable)	프로세스와 제품의 품질에 대한 계량적 통제를 하기 위하여 측정이 이루어짐	- 프로세스 측정 - 프로세스 통제
수준 5	최적화 (Optimizing)	조직차원의 표준 프로세스가 지속적으로 개선됨	- 프로세스 변경 - 지속적인 개선

(자료원: 김현수, 1999, p.184)

여기서 프로세스 속성의 성취등급은 〈표 3-17〉에서와 같이 크게 N(Not Achieved), P(Partially Achieved), L(Largely Achieved), 그리고 F(Fully Achieved)의 4가지의 척도로서 측정된다.

〈표 3-17〉 SPICE의 프로세스 속성 성취도 등급 척도

척도	정의	설명
N	Not Achieved	정의된 속성을 달성하지 못하였음
P	Partially Achieved	정의된 속성을 일부 달성하였음
L	Largely Achieved	정의된 속성을 대부분 달성하였음
F	Fully Achieved	정의된 속성을 완전히 달성하였음

(출전: 김현수, 1999, p.185)

각 수준별로 해당 프로세스의 속성과 판정등급은 다음과 같이 결정된다.

〈표 3-18〉 SPICE의 프로세스수준 판정등급

수준	프로세스 속성	판정 등급
수준 1	프로세스 수행(process performance)	L 또는 F
수준 2	프로세스 수행(process performance) 수행 관리(performance management) 작업산출물 관리(work product)	F L 또는 F L 또는 F
수준 3	프로세스 수행(process performance) 수행 관리(performance management) 작업산출물 관리(work product) 프로세스 정의 및 조정(tailoring) 프로세스 자원(resource)	F F F L 또는 F L 또는 F
수준 4	프로세스 수행(process performance) 수행 관리(performance management) 작업산출물 관리(work product) 프로세스 정의 및 조정(tailoring) 프로세스 자원(resource) 프로세스 측정(process measurement) 프로세스 통제(process control)	F F F F F L 또는 F L 또는 F
수준 5	프로세스 수행(process performance) 수행 관리(performance management) 작업산출물 관리(work product) 프로세스 정의 및 조정(tailoring) 프로세스 자원(resource) 프로세스 측정(process measurement) 프로세스 통제(process control) 프로세스 변경(process change) 지속적 개선(continuous improvement)	F F F F F F L 또는 F L 또는 F

(출전: 김현수, 1999, p.185)

3.4. 소프트웨어 벤처기업의 성과평가와 균형점수기법

전통적인 성과평가 관련 연구들을 분석한 결과, 우선 성과동인(perfor-mance drivers)을 평가하는 연구에서는 개별 요소들과 기업성과의 상관성을 주로 다루어, 평가틀의 설정에 의한 기업의 종합적 평가라는 차원에서는 미흡하다는 약점이 내포되어 있다.

특히 소프트웨어 벤처기업의 평가에 적용되는 모형은 일반적인 벤처기업의 평가모형을 그대로 사용하는 실정으로서 주로 현재 시점만을 강조하거나 가시적인 지표인 재무적 측면(Financial Perspectives)만을 주로 평가하고 있어, 무형의 자산가치로 대표되는 소프트웨어 벤처기업의 성장잠재력이나 혁신성 등을 고려하여 평가하기 위한 모형으로서는 제약이 있다. 이 밖에도 재무적 관점의 척도들은 정량적인 성과지표로서 널리 활용되고 있음에도 불구하고, 다음과 같은 한계점을 내포하고 있다.

첫째, 재무적 지표는 한 기업의 경영성과와 경쟁력을 완전히 나타낼 수 없다. 왜냐하면 재무적 지표는 주로 과거 지향적인 측면이 강하기 때문에 미래예측성이나 성장잠재력 등을 중요시하는 벤처기업의 성과특성을 반영하지 못하기 때문이다. 예를 들면 급변하는 경쟁환경에서 기업이 경쟁력을 가지기 위해서 반드시 필요한 지속적 개선, 변화, 혁신, 미래의 대응능력 등을 취급하기에는 미흡하다.

둘째, 현금흐름(Cash Flow) 자체에만 비중을 두고 있을 뿐 이러한 현금흐름을 창출하는 비즈니스 프로세스와 활동의 본질을 취급하지 않는다.

셋째, 재무적 결과는 고객만족, 생산주기, 품질, 종업원자질 및 업무프로세스 등이 개선되면 자연스럽게 향상된다. 따라서 이러한 비재무적 요소들의 상태를 주요한 성과지표로 포함시킬 필요가 있다.

넷째, 실제로 많은 기업에서 비즈니스 성과를 파악하기 위해서는 재무적 지표뿐만 아니라 다양한 비재무적 지표들을 복합적으로 활용하고 있다.

따라서 이처럼 재무적 지표만으로 구성된 성과평가 방법의 한계를 극복하기 위해 제시된 균형점수 기법(BSC; Balanced Scorecard)은 1992년 R. S Kaplan과 D. P. Norton 등에 의해 하버드비즈니스리뷰(Harvard Business Review)에 처음 소개되었으며(Kaplan & Norton, 1992), 1996년과 그 이후에는 단계별 적용방법과 사례가 발표되었다(Kaplan & Norton, 1993 & 1996). 예를 들면 미국 GSA(General Services Administration)에서 BSC 관점에서 제시한 성과 척도의 예는 다음 〈표 3-19〉와 같다.

〈표 3-19〉 미국 GSA의 성과 척도

관점	척도의 예
혁신 및 학습 관점	○ 새로운 기술이 경쟁력을 유지시키는 데 기여한 정도 ○ 새로운 절차와 기존 절차 간의 비용변화율 ○ 새로운 기술의 사용자 대비 정보통신기술자의 비율 ○ 조직 구성원의 만족도
재무적 관점	○ 재무적 차원에서의 정보시스템 구축의 계획과 실제 비교. ○ 각 프로젝트에 대한 투자수익률(ROI) 혹은 내부수익률(IRR: Internal Rate of Return) ○ 예산 범위 내에서 정해진 기한 내에 완료된 프로젝트의 비율 ○ 프로그램 내에서 비용감축 혹은 비용회피 ○ 총 정보통신기술비용에 대한 기존(legacy) 시스템 비용의 비율
내부 사업 관점	○ 요원의 계획수준과 실제수준의 비교 ○ 전략적 정보통신기술 계획이 있는 정보시스템사업의 조정 ○ 서비스 혹은 운영비용의 계획수준과 실제수준의 비교. ○ 접수된 요구사항 건수 대비 처리된 요구사항 건수 비율 ○ 구매: 계획된 인도일자와 실제 인도일자 간의 일정차이, 예산 범위 내에서 기간 내에 주문된 비율, 수행된 작업의 예산 비용과 실제비용 간의 비용차이
고객 관점	○ 요구사항 이해수준 ○ 컴퓨터 시스템, 네트워크, 훈련 및 지원에 대한 만족수준 ○ 생산성 향상 ○ 정확한 정보를 편리한 시간에 접근할 수 있는 편리성 ○ 전체 고객 요구사항 건수 대비 처리된 요구사항의 건수로서의 반응비율

(자료원: GSA, 1997)

이와 같이 균형점수 기법은 그 논리적 타당성과 실용성으로 실제 기업 성과와 경쟁력을 평가하는 주요 도구로 널리 활용되고 있다(Newing, 1994). 균형점수 기법은 종합적인 기업성과 평가모형으로서 기업의 과거, 현재, 미래의 상태와 여러 가지 성공요인들의 역동적인 관계를 동시에 균형적으로 제시하는 모형이다. 이와 같이 균형점수기법에 의해 다양한 평가영역과 평가지표의 설정을 통해서 평가된 결과는 여러 가지 장점을 나타내는데 첫째, 하나의 평가도구에서 종합적인 성과평가가 가능하게 하여 여러 가지 이질적인 성공요인 들을 동시에 나타낼 수 있으며 둘째, 여러 가지 이질적 성공요인들 사이의 상관관계와 균형성을 파악할 수 있어 지엽적인 관점이 아닌 전사적 관점에서 최적화된 평가가 가능하다. 또한 셋째, 과거 나 또는 어느 고정된 시점에서의 정체된 상태의 평가가 아니라 다양한 시점의 역동적인 비즈니스 환경에서의 평가가 가능하며 넷째, 평가지표들이 피평가자들로 하여금 미래에 달성해야 할 특정 목표는 물론 어떤 활동에 어떠한 개선이 필요한지를 포함시켜 평가하는 측면과 마지막으로 피평가자에 최고경영층이 포함되는 장점이 있다.

3.4.1. 균형점수기법의 평가영역

소프트웨어 벤처기업은 그 특성상 현재 시점뿐 아니라 미래시점에서의 성장잠재력 등을 균형적으로 고려해야 하기 때문에 벤처기업의 성과를 로버트 캐플런(R. S. Kaplan)과 데이비드 노턴(D. P. Norton)이 제안한 균형점수(Balanced Scorecard)기법(Kaplan & Norton, 1992)을 준용하여 평가할 수 있는 가능성을 탐색해본다.

균형점수기법(BSC)에서는 주요 평가영역으로 다음 〈그림 3-10〉에서와 같이 재무적 관점, 고객 관점, 내부 비즈니스프로세스 관점 그리고 학습 및 혁신관점 등으로 설정된다.

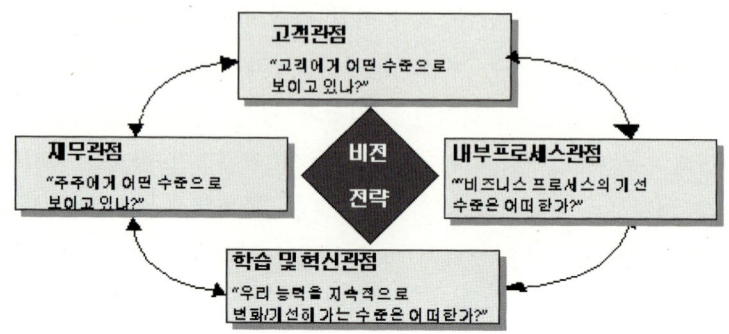

(자료원: Kaplan, R. S. & D. P. Norton, 1996)

〈그림 3-10〉 전통적인 균형점수기법에서의 4가지 평가관점

　일반적으로 재무관점은 주주의 이익을 극대화하는 측면에 초점을 두며, 고객만족을 위해 어떠한 재무적 목표를 달성하여야 하는가 하는 관점을 말한다. 고객관점은 고객만족과 시장점유율 등에 초점을 두며 재무적 목표 달성을 위해 어떠한 고객 니드(needs)에 중점을 두는가를 평가한다. 내부 프로세스 관점은 프로세스 및 생산성을 초점을 두며 고객과 주주만족을 위해 필요한 내부 업무프로세스는 무엇이고 어느 정도나 가속화되었는지를 평가한다. 학습 및 혁신 관점은 조직, 임직원, 정보인프라와 조직문화 등에서 학습하고 혁신측면에서의 성장 정도를 평가한다.

　균형점수기법(BSC)의 4가지 관점은 단기간과 장기간의 목표들 간에 바라는 결과물과 그 결과물의 동인들 간에, 그리고 엄격한 객관적인 측정 지표들과 더욱 부드러운 주관적인 측정 지표들 간에 균형을 이루게 해준다. 균형점수기법(BSC)은 측정 지표들의 복합성으로 인해 다소 혼동스럽게 느껴지기도 하지만, 적절하게 구축된 성과측정 기록표에는 모든 측정 지표들이 통합된 전략을 달성하도록 장려하기 때문에 실무에서의 적용성이 높게 나타나고 있다.

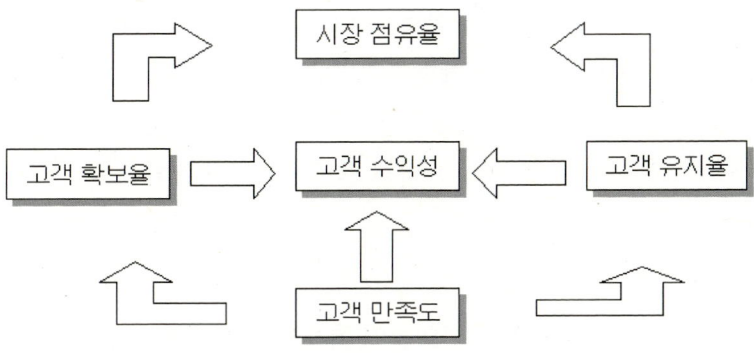

(자료원: 캐플런 & 노턴, 1999, p.60)

〈그림 3-11〉 고객관점의 핵심 측정 지표

이러한 기본적인 균형점수기법의 4가지 관점을 소프트웨어 벤처기업의 성과평가에 활용하기 위해서는 중항목 수준의 평가영역과, 그리고 별도로 소항목 수준의 세부 평가항목을 설정하여 평가한다. 이들 평가치는 성과동인 영역에서와 마찬가지로 추후 가중치에 의해 계량화되고, 개별 벤처기업의 종합적인 성과로서 활용될 수 있다.

가. 고객관점

고객관점의 성과는 제품 및 서비스에 대한 고객애호행위에 의해 측정될 수 있다. 즉 이러한 행위들은 고객들이 가지는 재구매의도, 불평행동, 호의적 구전 등으로 표출되기 때문에(서창적 외, 2000), 고객관점에서는 〈그림 3-11〉에서와 같이 기업에서 선택한 고객과 세분화된 시장을 중심으로 고객의 만족도, 충성도(loyalty), 고객확보율, 고객유지율, 고객수익성 등의 핵심 지표로서 측정될 수 있다(캐플런 & 노튼, 1999). 여기서 시장점유율은 주어진 시장 내에서 고객의 수와 지출금액, 판매량에서 사업단위의 비율을 나타낸다. 고객확보율은 절대적 또는 상대적 측면에서 기업이나 사업단위가 새로운 고객이나 사업을 유인하거나 획득하는 비율을 특정한다. 고객유지율은 기존 고객과의 관계를 존속시키거나 유지하는 비율을 측정하며, 고객만족도는 가치명제 내의 구체적 성과기준에 따라 고객의 만족 수준을 평가한다. 그리고 고객수익성은 고객을 지원하기 위해 필요한 기본적인 지출을 제외한 후, 고객 또는 세분 시장의 순수익을 측정한다.

나. 재무관점

재무관점에서의 성과측정 지표들은 회사의 전략과 실행 그리고 달성이 순이익 개선에 기여했는지를 나타낸다. 재무적 목표들은 전형적으로 수익성 예를 들면 운영수익이나 투하자본 수익률(Return On Investment), 혹은 최근에는 경제적 주가가치(EVA: Economic Value Added)에 의해 측정되고 있는 경향이다(캐플런 & 노턴, 1999). 일반적으로 재무관점에서의 기업의 성과를 평가하는 실무적인 사례에서는 성장성, 수익성, 활동성, 안정성 등 4가지 지표를 사용하여 평가되고 있는데(우카쿠, 1997), 이들 항목의 내용을 살펴보면 다음과 같다.

첫째, 성장성은 매출액 증가 정도, 경상이익, 자기자본, 자산 등으로 측정하며, 1인당 매출액, 1인당 경상이익, 1인당 부가가치 등 생산성 관련 척도도 활용된다. 물론 이들 항목의 증가 정도는 다음과 같이 전년도 대비 증가율을 통해서 구한다.

$$각항목\ 성장율(\%) = \frac{당년도\ 각항목\ 실적 - 전년도\ 각항목\ 실적}{전년도\ 각항목\ 실적} * 100$$

둘째, 수익성은 매출액 이익률의 증가 정도로서 측정하는데, 매출액 이익률은 매출총이익(=매출액-매출원가)을 매출액으로 나눈 값에 100을 곱한 값으로 표시된다. 또한 영업이익 단계에서 매출액이 지닌 이익산출력을 측정하는 매출액영업이익률(=영업이익/매출액 * 100)을 적용할 수도 있다.

셋째, 활동성은 기업의 기본적인 능력으로 이익측면을 평가한다. 기업활

동은 경영자원을 활용하여 이익을 산출하는 과정이며, 경영자원이 종합적
으로 나타나는 항목은 이익이다. 따라서 종합적인 활동력은 자본이익률(＝
이익/자본 * 100)로 나타낼 수 있다. 또한 총자본이익률은 다음과 같이 자
본회전율과 매출액 이익률의 곱으로 표현될 수 있다.

$$\frac{이익}{자본} = \frac{매출액}{자본} * \frac{이익}{매출액}$$

$$(자본이익율) = (자본회전율) * (매출액이익율)$$

여기에서 총자본경상이익률(＝경상이익/총자본 * 100)과 매출액경상이
익률(＝경상이익/매출액 *100)로 동시에 기업의 활동성을 측정한다. 총자
본경상이익률은 총자본의 운용성과로서 기업의 경상적 경영이익인 경상이
익을 검토하여 종합적인 수익성을 나타내는 것이며, 매출액경상이익률은
총자본경상이익률의 요소 중의 하나로서 매출액의 기본수익률 즉 매출액이
어느 정도의 이익률을 내는지에 대한 능력을 측정하는 지표이다. 대체로
총자본경상이익률이 10% 이상이면 상, 10%~5%까지는 중, 5% 이하는 하
로서 판정하고, 제조업의 경우 매출액경상이익률이 8.0% 이상이면 상,
8.0%~3.0% 까지는 중, 3.0% 이하는 하로서 판정된다.

넷째, 안정성은 조달된 자본가운데 변제해야 할 자본을 반드시 변제할
수 있도록 활용되고 있는 정도를 말하며 유동비율, 고정비율, 자기자본비율
로서 측정한다. 유동비율(＝유동자산/유동부채 * 100)은 비교적 단기적인
지불능력을 측정하며, 1년 이내에 변제해야 하는 부채액에 대한 1년 이내
에 현금이 되는 자산액을 활용한다. 대체로 유동비율이 140% 이상이면 상,
140%~110%까지는 중, 110% 이하는 하로서 판정된다. 장기적인 안정성을
측정하는 고정비율(＝고정자산/자기자본 * 100)은 고정자산이 어느 정도까
지 자기자본에 의해 공급되고 있는지를 분석하는 항목으로서, 업종마다의
차이는 있지만 대체로 고정비율이 120% 이상이면 상, 120%~140%까지는
중, 140% 이하는 하로서 판정된다.

이러한 재무적 성과지표들은 객관적이며 측정가능하고 외부에 공표된 자료를 이용할 수 있다는 측면에서 신뢰성 있고 사용하기 용이하다는 장점을 가진 반면에, 과거 조직의 특성을 반영하고 있다는 단점을 내포하고 있다.

다. 내부프로세스관점

기업의 우수한 성과는 조직 전반에 걸쳐 일어나는 업무프로세스, 의사결정 또는 행동에서도 나타난다. 균형점수 기법에서의 내부프로세스는 고객만족에 가장 큰 영향을 미치는 업무프로세스로부터 분석되며, 예를 들면 사이클 타임(cycle time), 품질, 종업원 숙련도 등을 측정하여 기업의 생산성이 개선되는 정도를 평가하게 된다. 이와 같은 내무프로세스의 개선은 내부 및 외부 고객의 만족도 향상과 연결될 뿐 아니라, 생산성 및 품질향상을 기반으로 한 기업경쟁력 확보에 기여하게 됨으로써 기업성과 향상을 위한 잠재능력으로 내재화된다.

라. 학습 및 혁신관점

기업이 경쟁에서 이기기 위해서는 설정된 목표가 환경에 맞추어 끊임없이 변화되어야 하며, 격심한 경쟁환경이 기존 제품과 업무 프로세스에 대한 지속적인 개선과 전혀 다른 신제품을 개발·출시할 수 있는 능력을 요구한다. 즉 기업이 지속적으로 신제품을 개발하고, 더 많은 고객가치를 창출하며, 운영효율성을 개선할 수 있는 능력을 가져야만 새로운 시장에 진출할 수 있고 우익과 이윤을 늘릴 수 있으며 궁극적으로는 성장능력과 주주가치를 높인다.

3.4.2. 균형점수기법의 장점

궁극적으로 균형점수기법(BSC)은 조직의 사명과 전략들을 전략적인 측정 및 관리 시스템을 위한 틀을 제공하는 포괄적인 측정 지표들의 집합으로 바꾸어 주는 일련의 도구를 의미하며, 다음과 같은 장점들을 포함하고 있다.

첫째, 균형점수기법(BSC)은 과거의 재무 측정 지표들(예, 투하자본 수익률)을 포함하고 있다.

〈표 3-20〉 균형점수 기법에 의한 성과지표 적용의 사례

관점	전략적 목표	선행 지표	후행 지표
고객관점	• 고객만족도 증가	• 관계설정 정도 • 만족도 조사	• 세분시장 점유율 • 고객유지율
재무관점	• 수익성 제고 • 수입믹스 제고 • 원가구조 개선	• 수입믹스	• 투자수익률 • 수입 성장 • 예금 서비스 원가 변화
내부관점	• 혁신적 상품 창출 • 제품 교차판매 • 유통 경로 개선	• 제품개발 사이클 • 고객과의 시간	• 신제품의 수입 • 교체판매 비율 • 유통경로 믹스의 변화
학습관점	• 전략적 역량 개발 • 전략적 정보제공 • 개인적 목표 정렬	• 전략적 직무의 적용범위 비율 • 전략적 정보의 이용가능성 비율	• 직원1인당 수익성 • 직원만족도

(자료원: 캐플런, 1999, pp.253)

둘째, 균형점수기법(BSC)은 과거의 성과에 대한 재무적인 측정지표를 추가하여 미래 성과를 창출하는 구동력에 대한 측정지표를 보완하고 있다.

셋째, 균형점수기법(BSC)은 독창적인 4가지 시각에 의하여 조직의 전략과 비전을 가시화하고, 목표를 달성할 수 있도록 이끌어준다.

넷째, 균형점수기법(BSC)은 또한 회사 구성원들로 하여금 그들의 사업단위들이 어떻게 현재와 미래 고객들을 위해 가치를 창조할 것인지, 그리고 미래 성과를 향상시키는 데 필요한 사람과 시스템, 절차에 대한 투자와 내부 역량들을 어떠한 방법으로 조합해야 하는지를 측정 가능케 해준다.

또한 재무적인 시각으로서 단기적인 성과에 관심을 기울이는 한편, 또 다른 측면에서는 장기적으로 뛰어난 재무적, 경쟁적 성과를 이룰 가치 동인을 명확하게 규명해 준다.

즉 최근에 균형점수 기법을 적용함에 있어, 〈표 3-20〉의 사례에서 볼 수 있듯이 여러 관점에서의 지표들이 미래의 전략적 목표에 연결되도록 선행지표와 후행지표를 결합하여 활용하는 추세를 보이고 있다.

제4장 연구모형 및 가설

4.1. 연구모형의 개발

본 연구에서는 이상에서 살펴본 성과요인들을 다음 〈그림 4-1〉과 같이
비즈니스(business)와 기술(technology) 관련 요인으로 그리고 다시 기업
내부의 자원관점과 외부의 전략관점 등으로 재분류하였다. 이와 같은 성과
요인의 분류틀은 기업의 성과원천인 기업의 경쟁력이 전략과 자원에 좌우
되며 자원은 전략의 실행을 지원하거나 제한할 수 있고(Bamford, et al.,
1996), 마찬가지로 소프트웨어 벤처기업이 내부적으로 보유한 자원역량이
외부에는 전략으로서 표출된다는 관점에서 출발하고, 내부에서 보유한 비
즈니스사원이 비즈니스전략으로 또한 내부의 기술자원이 외부로는 기술전
략으로 발현된다는 개념구조를 포함하고 있다. 또한 벤처기업의 비즈니스
자원과 비즈니스전략 등 비즈니스차원의 성과요인은 보유한 주력 기술 및
제품 등 핵심 기술자원과 기술전략이 서로 유기적으로 결합된 사업구조에
서 파악할 수 있다는 관점으로부터 설정된 것이다.

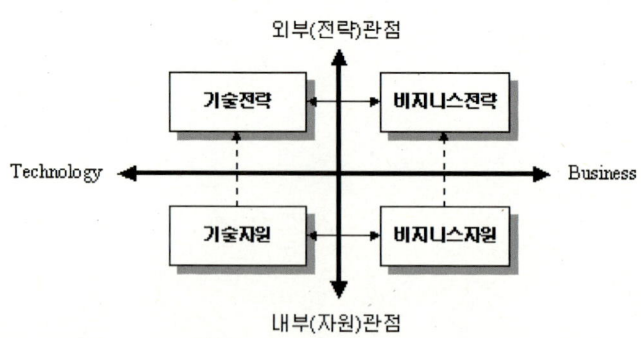

〈그림 4-1〉 성과요인의 분류틀

이와 같은 맥락에서 본 연구에서는 비즈니스전략 영역의 성과요인으로 시장환경과의 적합성, 경쟁전략 특성, 외부협력관계, 환경변화에 대한 대응 능력 등 4개 요인과 비즈니스자원 영역에서는 조직 특성, 창업인, 기업문화 특성 등 3개 요인을 설정하였다. 그리고 기술전략 영역에서는 기술 및 소 프트웨어 제품의 특성, 기술 및 제품개발전략, 기술영업전략에 관한 특성 등 3개 요인과 마지막으로 기술자원 영역에서는 인적자원, 연구개발능력, 지적자산의 수준 등 3개 특성을 설정하였다. 이들을 다음 〈그림 4-2〉에 정 리하여 나타냈다.

	비즈니스	기술
전략	비즈니스전략 (BS) • 시장환경 적합성 • 경쟁전략 • 외부협력관계 • 환경변화 대응력	기술전략 (TS) • 기술/제품 특성 • SW제품 특성 • 제품개발전략 • 기술영업전략
자원	비즈니스자원 (BR) • 조직구조 • 창업경영인 • 기업문화	기술자원 (TR) • 인적자원 • 연구개발능력 • 지적자산

〈그림 4-2〉 성과영역별 성과요인

위와 같은 성과요인들은 개별적으로 성과에 영향을 미칠 수도 있고, 분 류틀에 의해 분류된 상태 즉 4개의 영역(인과관계를 설정하는 연구에서는 잠재요인으로 정의됨)으로 분류되어 성과에 영향을 미칠 수도 있기 때문에 이러한 점을 고려하여 각각 별개의 연구모형 후보가 도출될 수 있다.

그리고 기업의 성과는 균형점수 기법에 의한 고객성과, 재무성과, 내부
프로세스성과, 학습 및 혁신성과 등 4개로 분류된 상태로 측정될 수 있으
며, 또한 재무성과과 비재무성과(고객성과, 내부프로세스성과, 학습 및 혁
신성과의 통합)로 분류된 상태로 측정될 수 있는 지 여부에 따라서도 각각
별개의 연구모형 후보가 도출될 수 있다.

궁극적으로 본 연구에서는 위에서 설명한 바와 같이 소프트웨어 벤처기
업의 성과요인들이 기업의 성과에 인과적인 영향을 미치는 관계를 분석하
기 위한 4개의 연구모형 후보가 설정되었으며, 이를 요약하면 다음 〈표
4-1〉과 같다. 이들 연구모형 후보들은 인과분석을 위한 모형으로서 통계처
리 결과에 따라 그 적합성을 평가한 후에 최종적으로 최적의 단일 연구모
형이 채택 및 검증될 수 있다.

〈표 4-1〉 연구모형 후보의 특징 비교

연구모형	성과요인 측정		기업성과 측정		주요 특징	
	13개 요인이 개별적으로 영향을 미침	13개 요인이 BS, BR, TS, TR로 유형화 가능	고객/재무/내부 프로세스/학습 및 혁신관점 영역	재무/비재무성과로 이원화 가능	성과요인	기업성과
연구모형(Ⅰ)	●		●		13개 성과요인이 개별적으로 성과에 영향을 미침	균형점수기법의 고객, 재무, 내부프로세스, 학습 및 혁신관점 등 4개 영역으로 측정
연구모형(Ⅱ)		●	●		13개 성과요인이 4개 성과영역으로 유형화된 상태에서 성과에 영향을 미침	상동
연구모형(Ⅲ)	●			●	연구모형(Ⅰ)과 동일	균형점수기법의 4개 영역이 재무적 성과 및 비재무적 성과로 이원화 가능
연구모형(Ⅳ)		●		●	연구모형(Ⅱ)과 동일	상동

연구모형 후보(Ⅰ)

이 연구모형은 본 연구에서 도출된 총 13개의 성과요인들이 각각 종합적인 기업성과에 인과적 영향을 미칠 것이라는 관점에서 설정되었는데, 예를 들면 시장환경 적합성 등 13개 요인이 인과모형에서는 원인변수로서 정의된다.

또한 이 연구모형 후보는 기업의 종합성과가 균형점수기법에서 제시되는 고객성과, 재무성과, 내부프로세스성과, 학습 및 혁신성과 등 4개 영역의 성과로서 측정될 수 있다는 가정하에서 설정된 것이다. 이들 고객성과, 재무성과, 내부프로세스성과, 학습 및 혁신성과 등은 인과모형에서 결과측정변수로, 기업성과는 결과잠재변수로 정의된다. 이러한 관계를 도식화하면 〈그림 4-3〉와 같다.

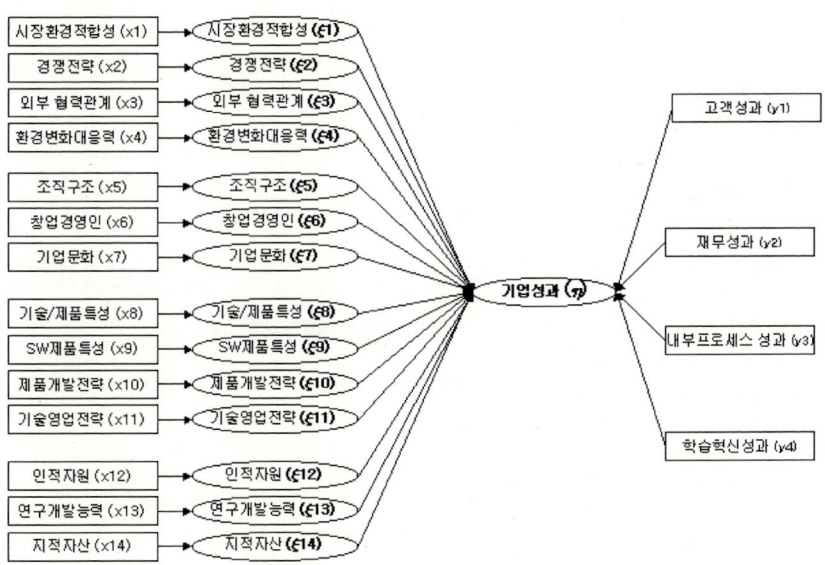

〈그림 4-3〉 연구모형 후보(Ⅰ)의 인과관계: 13개 성과요인→
4개 관점의 성과

연구모형 후보(Ⅱ)

이 연구모형은 본 연구에서 도출된 총 13개의 성과요인들이 비즈니스전략(BS), 비즈니스자원(BR), 기술전략(TS), 기술자원(TR)으로 유형화된 상태에서 종합적인 기업성과에 인과적 영향을 미칠 것이라는 관점에서 설정되었다. 여기에서 13개 성과요인들은 인과모형에서 원인측정요인으로 정의되며, 비즈니스전략(BS), 비즈니스자원(BR), 기술전략(TS), 기술자원(TR) 등 4개 요인은 원인잠재요인으로 정의된다.

또한 이 연구모형 후보에서 기업의 종합성과는 연구모형 후보(Ⅰ)에서와 마찬가지로 균형점수기법에서 제시되는 고객성과, 재무성과, 내부프로세스성과, 학습 및 혁신성과 등 4개 영역의 성과로서 측정될 수 있다는 가정하에서 결과측정변수로, 기업성과는 결과잠재변수로 정의된다. 이러한 관계를 도식화하면 〈그림 4-4〉과 같다.

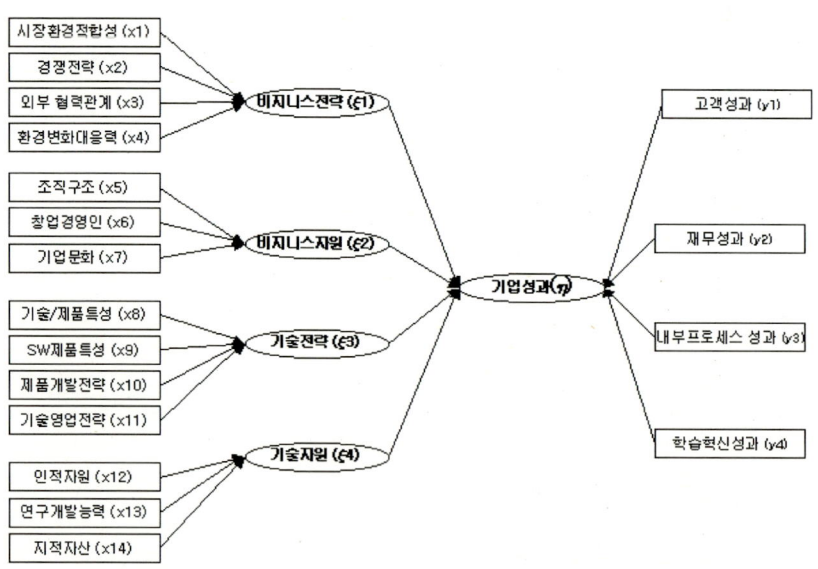

〈그림 4-4〉 연구모형 후보(Ⅱ)의 인과관계: 4개 성과영역→4개 관점의 성과

연구모형 후보(Ⅲ)

이 연구모형은 본 연구에서 도출된 총 13개의 성과요인들이 각각 종합적인 기업성과에 인과적 영향을 미칠 것이라는 관점에서 설정되었으며, 또한 기업의 종합성과는 균형점수기법에서 제시되는 고객성과, 재무성과, 내부프로세스성과, 학습 및 혁신성과 등 4개 영역의 성과는 재무적 성과와 비재무적 성과로 이원화되어 측정할 수 있다는 관계를 가정하고 있다. 이들 13개 성과요인들은 인과모형에서 원인측정요인으로 정의되며, 재무적 성과와 비재무적 성과는 결과잠재요인으로 정의된다. 이러한 관계를 도식화하면 〈그림 4-5〉와 같다.

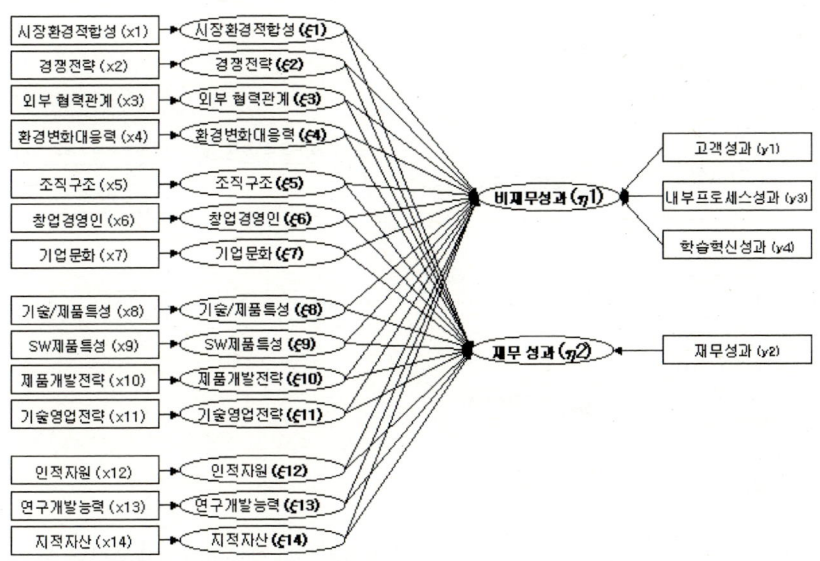

〈그림 4-5〉 연구모형 후보(Ⅲ)의 인과관계: 13개 성과요인→재무성과 및 비재무성과

연구모형 후보(Ⅳ)

이 연구모형은 본 연구에서 도출된 총 13개의 성과요인들이 비즈니스전략(BS), 비즈니스자원(BR), 기술전략(TS), 기술자원(TR)으로 유형화된

상태에서 종합적인 기업성과에 인과적 영향을 미칠 것이라는 관점에서 설정되었으며, 또한 기업의 종합성과는 균형점수기법에서 제시되는 고객성과, 재무성과, 내부프로세스성과, 학습 및 혁신성과 등 4개 영역의 성과는 재무적 성과와 비재무적 성과로 이원화되어 측정할 수 있다는 관계를 가정하고 있다. 이들 비즈니스전략(BS), 비즈니스자원(BR), 기술전략(TS), 기술자원(TR) 성과영역의 요인들은 인과모형에서 원인잠재요인으로 정의되며, 재무적 성과와 비재무적 성과는 결과잠재요인으로 정의된다. 이러한 관계를 도식화하면 〈그림 4-6〉와 같다.

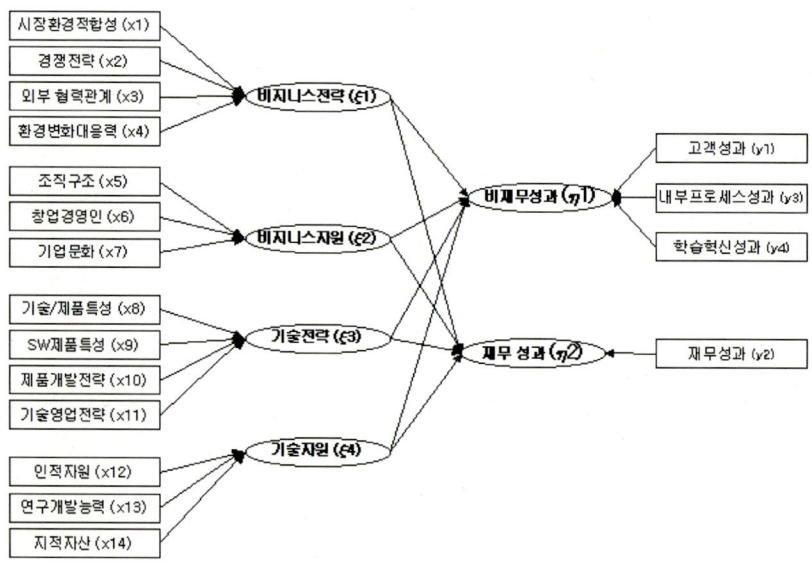

〈그림 4-6〉 연구모형 후보(Ⅳ)의 인과관계: 4개 성과영역→재무성과 및
비재무성과

4.2. 연구가설의 설정

위에서 설명한 연구모형을 기반으로 본 연구에서 검증하고자 하는 연구가설을 설정한다.

위의 연구모형 후보들은 〈그림 4-7〉에서와 같은 가장 측정변수가 많은 복잡한 측정구조에 근간을 두고 각각 중간 계층이 잠재요인들로 정의된 모형들이다. 따라서 즉 가장 본원적인 연구 모형은 4개 관점에서 도출된 13개의 성과요인들이 균형점수기법(BSC)에서 제시하는 고객성과, 재무성과, 내부프로세스성과, 학습 및 혁신성과 등 4가지 차원에서 평가되는 종합성과에 어느 정도의 인과적 영향을 미치는지를 실증적으로 파악하는 것이다. 이하에서는 그림에 나타난 가설에 대해 세부적으로 정의한다.

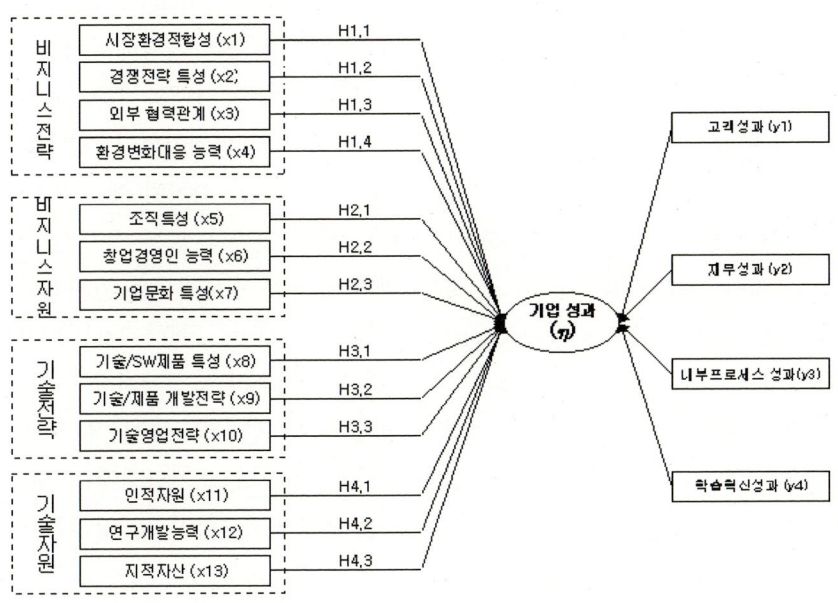

〈그림 4-7〉 성과요인과 성과 간 영향분석 모형

4.2.1. 비즈니스전략과 성과

비즈니스전략 영역은 기업외부에 표출되는 측면의 영역으로서, 기술전략
과 유기적으로 연계되며 하부에는 기업이 보유한 비즈니스자원을 바탕으로
구현된다. 본 연구에서는 다음과 같이 시장환경과의 적합성, 경쟁전략 특
성, 외부협력관계, 환경변화 대응능력의 강도나 수준을 비즈니스전략 영역
에서의 성과요인으로 도출하고, 이들이 벤처기업의 성과에 영향을 미칠 것
이라는 연구가설을 다음과 같이 설정하였다.

시장환경과 적합성

벤처기업의 성과와 관련하여 특히 시장선택 전략에 있어서 다양성보다
는 전문성과 차별화전략이, 효율성보다는 공격형 기업의 생존율이 높다는
사실을 밝힌 연구결과가 있으며(Sandberg & Hofer, 1987; Romanelli,
1989), 넓은 생산라인과 다양한 유형의 많은 고객이 있는 시장에서 선두기
업과 직접적인 경쟁전략의 중요성을 강조하거나(Porter, 1985; Tsai, 1991)
기업자원의 적절한 조합과 산업기회의 활용을 통해서 벤처기업이 대기업과
경쟁에서 유리하다는 연구결과가 있다(Cooper, 1986). 이처럼 벤처기업의
시장선택 전략에서는 크게 세분화된 시장에서의 집중화 또는 틈새전략을
강조(McDougall, 1994; Harrigan, 1986)하거나, 넓은 전략범위를 가지고 진
취적 및 공격적 전략을 강조(Cooper, 1986; MacMillan, 1987; Tsai, 1991)
하는 유형으로 대별될 수가 있다. 이 밖에 Abell(1980)은 성장시장에 진입
할 때는 차별화전략을, 성숙 시장에 진입할 때는 집중화전략이 유리하며,
Kunkel(1991)은 높은 성장률을 보이는 생명주기상의 초기단계에는 넓은
범위의 전략이, 성숙단계의 후기단계에서는 집중화전략이 높은 성과를 나
타낸다고 하였다. Mcdougall et al.(1992)은 시장에 진입할 때 진입장벽이
높은 정도를 성과요인으로 제시한 바 있다.

가설 1.1: 시장환경과 적합성은 벤처기업의 성과에 정(+)적인 영향을
미칠 것이다.

경쟁전략 특성

기업이 추구하는 특화된 경쟁전략과 그 강도는 많은 연구에서 성과요인
으로 제시되어왔다. 대표적으로 Porter(1985)는 모든 산업에 일반적으로 적
용가능한 본원적 경쟁전략의 유형으로 차별화(differentiation), 원가주도
(overall cost leadership), 집중화전략 등을 제시하였다. William(1997)은 벤
처기업의 전략유형에 따라서 성과에 차이가 있으며, 벤처전략의 구성요소
를 ①범위 ②경쟁적 무기 ③투자의 강도 ④시기 ⑤세분 차별화 등으로 분
류하였다. 또한 Carter(1994)는 전략구성의 차원을 시장민감도, 기술, 제품
차별화, 입지에 대한 매력(site appeal), 서비스 및 가격 차원으로 분류하였
으며, Chandler(1994)는 벤처기업의 전략을 혁신전략, 원가우위전략, 품질
우위전략 등으로 유형화하였다. 또한 부족한 자원과 능력을 전략적으로 활
용해야 하는 벤처기업은 가장 우위에 설 수 있는 세분시장을 찾아 경쟁하
는 틈새전략을 사용하거나, 전체 시장을 상대로 공격적으로 경쟁하는 전략
의 범위설정도 중요한 요인이 된다.

가설 1.2: 경쟁전략 특성은 벤처기업의 성과에 정(+)적인 영향을 미칠
것이다.

외부협력 관계

벤처기업에서 보유한 기술의 제품개발 및 상업화 과정에서 대학, 민간기
업 및 정부연구기관 등 외부 연구기관과 기술의 협력 및 연계(Kim, 1993),
정부기관이나 금융지원기관으로부터의 자금조달 측면에서의 지원 등이 성
과에 깊은 관계를 나타냈다. 특히 외부자금의 조달은 벤처기업의 성공에
매우 중요한 영향을 미친다. 또한 벤처기업의 창업형태 유형분류에서 기원
(origin)이 대기업과의 협력관계가 유의한 성과요인으로 제시되기도 했으

며, 이처럼 재원이나 기술측면에서의 한계를 보완하기 위해서는 내부자원의 활용과 외부로부터의 협력관계를 활용하는 자원획득 전략도 필요하다 (이장우, 1997).

소프트웨어 산업의 경우 하드웨어, 통신장비 그리고 컨텐츠(contents) 등과 같은 직접적인 관련 산업과 제조업, 금융기관 및 소프트웨어 유통 등의 간접적 관련 산업 등과의 의존성이 높기 때문에 이들 기관과의 협력관계가 소프트웨어 제품개발 업종의 성과에 영향을 미칠 수 있다.(조남재, 1997)

  가설 1.3: 외부협력 관계는 벤처기업의 성과에 정(+)적인 영향을 미칠
           것이다.

환경변화 대응능력

벤처기업은 소수의 제품이나 서비스, 좁은 시장, 소규모 자원으로 기업환경에 직면하게 되므로 상대적으로 환경의 변화에 더 민감하게 반응한다. 환경은 조직의 경계 외부에 존재하는 물리적이고 사회적인 제 요소들로서 정의되며, 과업환경과 일반환경으로 분류된다(Duncan, 1972). 과업환경은 특정조직의 목표의 설정과 목표의 달성에 관련된 환경으로서 산업구조, 시장의 안정성 및 성장단계 그리고 진입장벽(barriers to subsequent entry) 등을 포함하고, 일반환경은 경제, 사회문화, 정치법률 그리고 기술환경을 포함한다(Dill, 1958). 이러한 환경의 불확실성이 기업성과에 영향을 미치며 (Lawrence & Lorsch, 1969), 환경 자체가 정형화하기 어려운 특수한 상황이 있는 복잡한 문제이다(Zahra & Covin, 1995).

Aldrich(1979)는 문헌 연구를 통하여 6개의 환경차원을 도출했으며, Dess & Beard(1984)는 이 6개 중 요인분석을 통하여 풍부성(munificence), 역동성(dynamism), 그리고 복잡성(complexity)이라는 3가지 차원으로 간소화시켰다. 이 밖에 산업의 위험성이 높고, 경쟁이 치열하며, 사업분위기가 거칠고 압도적으로 해당산업의 부침이 심함에서 기인하는 위협의 정도를 의미하는

적대성(hostility) 역시 환경의 중요한 속성으로 인식된다(Covin & Slevin, 1990; Zahra, 1993). 환경의 풍부성과 적대성이 기업성과와 상관관계가 있다는 연구결과가 제시된 바 있다(MacMillan, 1987).

특히 벤처기업의 성과에 미치는 영향으로 환경의 역동성은 때때로 시장의 매력(market attractiveness), 환경적 여유로움(environmental munificence), 영향력(power) 등으로 벤처기업에 기회를 제공하고(Chandler & Hankers, 1994; Covin & Slevin, 1991; Zahra, 1993), 시장규모의 성장 또한 성과에 많은 영향을 미치는 것으로 밝혀졌으며, Lumpkin과 Dess(1996)의 연구에서는 환경적 역동성이 통제변수로 활용되어야 함을 주장하였다. 이처럼 환경의 역동성은 경영자 또는 기업에서의 전략적 선택과 관계없이 성과에 직접 영향을 미치는 것으로 알려져 있다(Aldrich, 1979; Tsai et al., 1991).

일반환경에서 정치적 및 법적 힘 예를 들면 정부의 인허가 정책, 세제 및 자금지원 제도 등이 신규 사업의 확산이나 성공에 있어서 중요한 영향을 미치고(Kent, 1884), 제품이나 공정 등과 관련된 기술의 변화나 기술인력 수급 등과 같은 기술환경도 기업의 성과에 영향을 미친다(Zahra, 1993).

가설 1.4: 환경변화에 대한 대응능력은 벤처기업의 성과에 정(+)적인
　　　　　 영향을 미칠 것이다.

4.2.2. 비즈니스자원과 성과

비즈니스자원 영역은 기술자원과 유기적으로 연계되며 비즈니스전략을 지원하는 기업 내부의 잠재된 역량으로 구성되는 특성영역을 의미한다. 이와 같이 벤처기업이 가지고 있는 비즈니스자원 능력은 벤처기업의 전략적 방향설정은 물론 이익확보의 원천으로 작용하기 때문에 성과에 영향을 미칠 것이라는 관점에서, 본 연구에서는 다음과 같이 조직 특성, 창업인, 기업문화 특성을 비즈니스자원 영역에서의 성과요인으로 도출하고, 이들이

벤처기업의 성과에 영향을 미칠 것이라는 연구가설을 다음과 같이 설정하였다.

조직 특성

벤처기업의 조직특성과 성과 사이의 관계를 도출한 연구에서 조직의 유기성(Covin, 1990)이, 그리고 조직의 공식화 정도, 전문화정도, 원활한 내부의사소통, 협력수준(Stuart & Abetti, 1990) 등이 다루어지고 있다. 기술혁신과 그에 따른 조직구조의 적합성(Randolph et al, 1991)이 성과와 양의 상관관계가 있는 것으로 나타났다. Baum(1995)의 연구에서는 벤처창업가와의 인터뷰에서 공식적이고 직접적 통제가 가능할수록 합의에 이르는 시간을 단축할 수 있어 높은 성과를 나타내지만, 공식적 조직의 경우 고객지원 등의 효율이 저하된다는 주장도 제기하였다. 우리나라에서도 성공적인 벤처의 경우 대기업에 비해 상대적으로 작은 계층구조와 중앙집중형 의사결정 구조가 신속한 의사결정을 이루는 것으로 나타났다(이장우, 1996).

가설 2.1: 조직 특성은 벤처기업의 성과에 정(+)적인 영향을 미칠 것이다.

창업경영인 능력

창업경영인 특성은 벤처기업의 성과는 물론 성공요인으로서 많은 연구자들에 의해 다루어져왔다. 초기에는 연령, 교육수준, 경력 등 배경적 특성과(Bollinger et al., 1983; Bowen, 1986) 성취욕구(need for achievement), 위험감수경향(risk taking propensity) 등 심리적 특성(Begley, 1987; 조형래, 1995)이 주목받아왔으며, 어떤 동기적 특성(Herron, 1993; Baum, 1995)이 유의한 성과요인으로 인식되기도 한다. 특히 Chandler(1992)는 창업경영인의 특성요인을 기업가적 능력, 관리적 능력, 기술적 및 기능적 능력으로 구분하였으며, 벤처기업 지원 및 평가기관 등에서도 창업경영인의 제반 경영능력 및 재무능력 등을 주요 평가항목으로 설정하고 있다. 또한 Baum(1995)의 연구에서는 LISREL(Linear Structural Relationships)을 이용한 인과모형의 분석 결과 벤처기업의 CEO(Chief Executive Officer)와 관련된 성과요인으로 첫째, CEO의 사업관련 능력 둘째, 성공을 위한 CEO 의 동기와 성공에 대한 믿음 등을 제시하였다. 따라서 벤처기업의 창업경 영인은 기회를 포착하고 비즈니스측면과 기술측면의 리더십을 발휘해야 하 는 과업특성상 강한 의욕, 의사소통능력, 기술적 지식, 의사결정능력 등을 발휘해야 한다(이장우, 1999).

가설 2.2: 창업경영인의 능력은 벤처기업의 성과에 정(+)적인 영향을 미칠 것이다.

기업문화특성

기업문화(corporate culture)는 구성원들이 공유하는 가치관과 신념, 이념 과 관습 그리고 지식과 기술을 포함하는 개념이며 기업성과에 영향을 미치 는 요소로 밝혀졌으며, 기업문화 요소가 구성원에게 잘 이해 및 합의될수 록 높은 성과를 나타낸다(Deal & Kennedy, 1982; Peters & Waterman, 1982). 즉 기업문화는 구성원의 행동양식을 지배하는 요소일 뿐만 아니라 기업체의 성과와 경쟁력에 영향을 미치는 요인이다. 벤처기업에서는 구성 원들 사이의 신뢰와 애정, 조직에 대한 몰입(commitment), 일에 대한 열 정으로 가족적이고 공동체적인 조직문화를 구축할 필요성과, 특히 자율적 인 직무특성과 보상의 중요성이 강조되고 있으며, 성공한 벤처기업에서 종 업원지주제도나 이익배분제도 등을 실시하고 있는 것으로 나타났다(이장 우, 1994 & 1997). Cooper(1986)는 소기업에서 구성원들이 자부심을 가지 는 기업문화는 대기업과의 직접적인 경쟁을 가능하게 하는 힘이라고 분석 하였다.

가설 2.3: 기업문화특성은 벤처기업의 성과에 정(+)적인 영향을 미칠 것이다.

4.2.3. 기술전략과 성과

기술전략 영역은 한편으로는 비즈니스전략을 지원하면서 한편으로는 비즈니스전략을 선도하는 위치에서 상호 유기적으로 연계되며, 하부에는 기업이 보유한 기술자원을 바탕으로 기업외부에 표출되는 특성의 영역이다. 본 연구에서는 다음과 같이 기술 및 소프트웨어 제품 특성, 기술 및 제품 개발전략, 기술영업전략 특성을 기술전략 영역에서의 성과요인으로 도출하고, 이들이 벤처기업의 성과에 영향을 미칠 것이라는 연구가설을 다음과 같이 설정하였다.

기술 및 소프트웨어 제품 특성

기업의 목표달성을 위한 기술전략의 범위로는 기술획득전략, 관리전략, 활용전략 등을 고려할 수 있는데, 특히 Porter(1985)는 획득대상 기술의 선택, 기술선도자와 추종자의 선택, 기술라이센싱을 제시한 바 있다. 이와 같이 획득 및 선택된 기술적 특성이 기업 외부에 드러나는 이미지는 우선 고객에게 서비스되는 기술이나 소프트웨어 제품으로서 표출된다. 단위 기술이나 제품의 가치를 평가하기 위한 일본기술진흥협회의 기술평가표에서의 평가항목은 기술경쟁력과 기술의 우위성으로서 신규성을 평가하고, 신뢰성과 실현확률로서 실현가능성을, 시장규모, 수요의 안정성, 수명, 시장의 성장률 등으로 시장성을 각각 평가하고 있다.

자원준거이론(resource based view of the firm)은 기업의 성공이 보유하고 있는 특수한 자원에 의해 결정된다는 관점으로서 이를 제시한 Barney(1991 & 1992)는 경쟁력 있는 기술 및 제품의 특징으로서 가치성(valuable), 희귀성(rare), 모방가능성이 적음(imperfectly inimitable), 조직에 고유함(organization-specific) 등 4가지 특성을 제시하였다. 이와 같이 벤처기업이 확보하고 있는 기술 및 제품의 특성은 대기업에 비해 부족한 자금조달 능력과도 함수관계를 갖고 있기 때문에(Bachher & Guild, 1996), 성과에 유의한 영향요인이 될 수 있다.

가설 3.1: 기술 및 소프트웨어 제품 특성은 벤처기업의 성과에 정(+)적
      인 영향을 미칠 것이다.

기술 및 제품개발전략

소프트웨어 제품 개발 관련 기술 및 제품 자체가 이를 구성하는 요소는
물론 개발과정에서 복잡성(complexity), 적합성(conformity), 변경가능성
(changeability), 불가시성(invisibility)의 특성을 가지고 있기 때문에(Brooks,
1987), 소프트웨어의 개발프로세스 관리체계를 강화해야 한다(Pihlava,
1996). 또한 소규모 벤처기업에서는 특정 인력의 기술력에 제품개발의 성패
가 좌우되기 쉬워 이를 기업의 확고한 기술력으로 확보하기 위해서 소프트
웨어 개발과정의 성숙도 평가를 위해 개발된 CMM(Capability Maturity
Model)이나 SPICE(Software Process Improvement & Capability dEter-
mination) 등 개발프로세스 수행능력 수준의 평가개념을 활용한 프로세스의
지속적인 개선노력이 중요시되어야 하며, 프로젝트 관리방법론과 표준화도
구 및 형상관리(configuration management) 기법 등을 적용하여 개발전략
의 경쟁력을 확보해야 한다.

가설 3.2: 기술 및 제품개발전략은 벤처기업의 성과에 정(+)적인 영향
      을 미칠 것이다.

기술영업전략

Roberts(1971)는 벤처기업의 성과요인으로 기술영업능력을 들고 있는데,
개발된 우수한 소프트웨어 제품이 많은 고객에게 인지되고 지속적으로 활
용되기 위해서는 특히 일반 중견기업에 비해 미흡한 영업력을 확보하기 위
해서는 기술력을 바탕으로 한 제품영업 전략이 중요하다. 또한 소프트웨어
제품의 마케팅은 고객과 대면이 필수적인 제품도 있고, 특정 하드웨어에
종속되어 유통되기도 하며 가상공간에서 공급자의 의도와 관계없이 사용자
가 제품을 선택할 수 있는 등 다양한 유통경로를 가지고 있다(Pihlava,

1996). 따라서 기술영업의 전략차원에서 교육, 자문, 하자사항에 대한 지원 활동이 고객의 요구에 만족하도록 이루어져야 하며, 신규고객의 개척을 위해서 사전에 철저한 시험마케팅과 개발 및 영업의 긴밀한 대응 등이 요구된다.

> 가설 3.3: 기술영업전략은 벤처기업의 성과에 정(+)적인 영향을 미칠 것이다.

4.2.4. 기술자원과 성과

기술자원 영역은 비즈니스자원과 유기적으로 연계되며 기술전략을 지원하는 기업 내부의 잠재된 역량으로 구성되는 특성영역을 의미한다. 본 연구에서는 다음과 같이 인적자원, 연구개발능력, 지적자산 특성을 기술자원 영역에서의 성과요인으로 도출하고, 이들이 벤처기업의 성과에 영향을 미칠 것이라는 연구가설을 다음과 같이 설정하였다.

인적자원

인적자원은 업무시간과 직업윤리를 고려한 인력의 양, 숙련도, 비용 등을 말하며(조남재, 1997), 벤처기업에서의 인적자원은 가장 중요한 잠재력이다 (Cooper, 1994). 소프트웨어 기업에서는 프로젝트관리자(Project Manager), 시스템분석가(System Analyst), 응용프로그래머(Application Programmer) 등으로 구성되는데, 신기술 및 제품개발 등에 투입되는 인적자원이 가지는 기술적 전문성 확보가 강조된다. 특히 인적자원은 소프트웨어 산업의 절대적인 생산요소로서, 전문 기술능력과 숙련도 등이 주요 특성으로 고려된다(조남재, 1997). 특히 소프트웨어 개발인력은 기술력뿐만 아니라 개발 대상이 되는 산업 및 업무영역의 이해가 요구되며, 관련 부문의 전문인력이 특정 분야에 치중되는 것보다는 기업 내에 적절하게 조합을 이루는 것이 필요하다.

가설 4.1: 인적자원은 벤처기업의 성과에 정(+)적인 영향을 미칠 것이다.

연구개발능력

연구개발과 관련하여 Zahara(1996)의 연구에서는 모기업의 협력 및 지원형태로 구분한 독립벤처에서 내부 R&D활용과 응용 R&D활용과, 기업벤처에서는 외부 기술활용과 벤처기업의 성과와 긍정적 관계가 있음을 밝혔다. 특히 성공한 벤처기업은 연구개발 투자규모 및 연구개발인력의 비중이 일반벤처기업에 비교해 상대적으로 높은 수준으로 유지되고 있으며(산업자원부, 1997), 국내 소프트웨어 기업을 대상으로 한 이정원(1994)의 연구에서도 연구개발인력규모와 R&D투자규모 등을 연구개발능력의 지표로 사용하고 있다.

가설 4.2: 연구개발능력은 벤처기업의 성과에 정(+)적인 영향을 미칠 것이다.

지적 자산

Edvinsson과 Malone(1997)은 지적자산을 지식자본, 비재무적 자산, 비물질적 자산, 무형자산, 숨은 자산, 보이지 않는 자산, 목표성취를 위한 수단, (시장가치-장부가치)라고 정의하였다. 지식사회에서 생존하기 위해서는 기업이 보유한 지식역량과 경쟁전략이 연결되며, 관련지식의 창출 및 확산 프로세스 수준이 높고, 지식의 품질 및 지식공유 정도가 증가하면 그에 따라서 생산성 및 기업가치의 향상을 가져온다(토마스, 1999). 이러한 지적자산(Intellectual Capital)은 무형의 기업자원으로서 제품이나 서비스와 관련된 기술 및 시장지식의 축적도를 의미하는 핵심자원 중의 하나로 인식되고 있다(조남재, 1997). Brooking & Motta(1996)은 지적 자산을 인적 자산, 지적 재산(property), 인프라, 시장자산으로 분류하였으며, 이 중에서 지적 재산에는 특허, 등록상표, 브랜드, 사업비밀, 노하우(know-how) 및 설계권 등을 예로 들었다. 소프트웨어 제품 개발 및 공급에 주력하는 기업에서 보유한 관련 특허나 저작권 그리고 인허가 및 자격 등은 쉽게 파악되는 지적자산의 유형이며, 기술이나 제품의 차별성 및 혁신성 등은 직접 측정할 수는 없지만 무형의 지적자산으로 평가될 수 있다.

가설 4.3: 지적자산은 벤처기업의 성과에 정(+)적인 영향을 미칠 것이다.

4.2.5. 벤처기업의 성과

기존의 많은 연구에서 기업의 성과는 재무적 지표위주로 측정되어왔다. 그러나 이러한 측정방법이 가지는 한계를 극복하기 위해 1992년 R. S Kaplan과 D. P. Norton에 의해 제시(Kaplan, 1992)된 균형점수 기법(BSC: Balanced Scorecard)은 그 논리적 타당성과 실용성으로 실제 기업성과와 경쟁력을 평가하는 주요 도구로 널리 활용되고 있다(Newing, 1994). 여기서 균형(balanced)이란 재무성과 중심에서 재무 및 비재무를 동시에 고려하는 것이며, 단기적 및 장단기적인 균형 그리고 선행지표(Leading Indicator)와 후행지표(Lagging Indicator)를 균형되게 설정함으로써 결과중심의 성과평가에서 성과를 발생시키는 원인을 근본적으로 관리하는 것을 의미한다.(김희경, 2001) 이를 위해 고객(Customer Perspective)성과, 재무(Financial Perspective)성과, 내부프로세스(Internal Business Process Perspective)성과, 학습 및 혁신(Learning and Growth Perspective)성과 등 4개 관점의 다양한 관점을 통해서 기업의 성과를 균형 있게 평가한다. 또한 관점(Perspectives)은 기업이 추구하는 가치창출의 원천을 파악하는 시각 혹은 전략적 성과지표들의 묶음(categories)으로 정의될 수 있으며, 설정된 관점들은 서로 긴말하게 연계되어 상호간의 관련성을 파악할 수 있도록 균형을 이루어야 한다.
1996년 이후 균형점수 기법의 적용방법과 사례들이 발표되었는데(Kaplan, 1996), 종합적인 기업성과를 측정 및 평가하는 기법으로서 기업의 과거, 현재, 미래의 상태와 여러 가지 성공요인들의 역동적인 관계를 동시에 균형적으로 제시하는 모형이다. 균형점수기법에 의해 다양한 평가영역과 평가지표의 설정을 통해서 도출된 평가결과는 여러 가지 장점을 나타내는데 첫째, 하나의 평가도구에서 종합적인 성과평가가 가능하게 하여 여러 가지 이질적인 성공요인 들을 동시에 나타낼 수 있으며 둘째, 여러 가지 이질적 성공요인들 사이의 상관관계와 균형성을 파악할 수 있어 지엽적인 관점이 아닌 전사적 관점에서 최적화된 평가가 가능하다. 또한 셋째, 과거나 또는 어느 고정된 시점에서의 정체된 상태의 평가가 아니라 다양한 시점의 역동적인 비즈니스 환경에서의 평가가 가능하며 넷째, 평가지표들이 피평가자들로 하여금 미래에 달성해야 할 특정 목표는 물론 어떤 활동에 어떠한 개선이 필요한지를 포함시켜 조직구성원이 스스로 변화하게 하면서 평가하는 측면과 마지막으로 피평가자에 최고경영층이 포함되는 장점이 있다.

따라서 본 연구에서는 벤처기업의 비즈니스에서 프로세스 및 결과적인 차원에 중점을 두고 다음과 같이 고객성과, 재무성과, 내부프로세스성과, 학습 및 혁신성과 등 4개 영역을 대상으로 설정된 세부 항목에 의해 종합적 성과를 측정한다.

고객성과

고객성과는 고객이 기업의 경영실적을 평가하는 관점의 성과로서, 재무적 목표 달성을 위해 어떠한 고객 니드(needs)에 중점을 두는가를 평가한다. 기업은 고객을 통해서 가치창출이 가능하며 그들의 욕구변화를 끊임없이 간파해야만 성장을 보장할 수 있기 때문에, 고객에 대한 면밀한 검토와 고객정보 획득을 통하여 이를 자사의 핵심역량으로 만들어야 할 필요성이 절실하다. 이런 이유에서 고객관계관리(CRM; Customer Relationship Management)라는 이슈가 부각되고 있다. 또한 고객은 현재 상품을 구매하거나 서비스를 제공받고 있는 고객, 과거에 이런 경험이 있는 고객, 향후 구매 및 서비스를 제공받을 가능성이 있는 잠재고객 등으로 분류되며, 조직 내에서 존재하는 내부고객까지도 포함될 수 있다.

일반적으로 고객의 관심사는 시간, 품질, 성능·서비스, 비용 등으로 구분되며, 이러한 영역을 평가하는 대표적인 항목으로는 고객확보 및 유지율, 고객만족의 정도, 시장점유율 등이 적용된다.

가설 5.1: 소프트웨어 벤처기업의 기업성과는 정(+)적인 고객성과에 의해 측정될 수 있다.

재무성과

일반적으로 재무관점은 주주의 이익을 극대화하는 측면에 초점을 두며, 고객만족을 위해 어떠한 재무적 목표를 달성하여야 하는가 하는 관점을 말한다. 기업의 재무성과를 나타내는 주요 재무지표는 수익성 증대와 비용절감의 전략에서 출발하며 성장성, 수익성, 활동성, 안정성 등을 각종 계량화된 지표에 의해 측정할 수 있다.

성장성은 총자산, 매출액, 경상이익 및 순이익에 대한 각각의 성장률을 지표로서 사용하며, 수익성은 총자산 및 자기자본에 대한 경상이익률과 자기자본 및 매출액에 대한 순이익률을, 안정성은 유동비율, 당좌비율, 부채비율 등을, 그리고 활동성은 총자산, 고정 및 재고자산에 대한 회전율 등을 지표로 사용한다(우카쿠 히데키, 1997; 이명호 & 박진석, 2001). 본 연구에서는 성장성에 대해 1998년부터 2000년 말까지의 3개년도의 지표상의 크기변화를 측정하고, 활동성 및 안정성은 3개 년도의 평균치를 측정한다.

가설 5.2: 소프트웨어 벤처기업의 기업성과는 정(+)적인 재무성과에 의해 측정될 수 있다.

내부프로세스 성과

내부프로세스 성과는 고객만족이나 경쟁력 확보를 위해 조직이 뛰어나게 수행해야 할 핵심적인 내부 업무프로세스의 개선 및 가속화 정도 등을 평가하며 조직프로세스, 의사결정 및 활동에서의 생산성을 초점을 둔다. 첫째로 고객만족에 가장 큰 영향을 미치는 내부 핵심프로세스의 요인이나,

과정 및 결과지표가 도출되어야 하며(Kaplan, 1996) 둘째로, 고객이나 외부 여건의 변화가 기업에게 끊임없는 변화를 요구하는데 부응하여 한번의 프로세스 시행이 아니라 프로세스의 지속적인 개선을 측정대상으로 선정하는 것이 일반적이다(김희경 & 성은숙, 2001).

소프트웨어 개발 및 공급 관련 프로세스를 결과적인 관점에서 평가하기 위해서는 프로젝트의 성공 정도, 개발프로세스의 품질수준 및 개선 정도, 소프트웨어의 결함이나 오류발생이 최소화되는 정도 등이 적용될 수 있다.

가설 5.3: 소프트웨어 벤처기업의 기업성과는 정(+)적인 내부프로세스 성과에 의해 측정될 수 있다.

학습 및 혁신 성과

학습 및 혁신 성과는 조직이 장기적 성장과 개선을 지속적으로 영위하기 위한 기반구조를 구축하는 정도를 의미한다. 이러한 성과는 기업에서 기존 제품과 업무프로세스에 대한 지속적인 개선을 통해서 전혀 다른 신제품을 개발·출시할 수 있는 능력을 보유하고, 신시장에 진출함으로써 궁극적으로 성장하며 주주가치를 높이는 이른바 미래의 가치를 파악하는 관점이다(Kaplan, 1996). 대체로 학습 및 혁신성과는 균형점수 기법의 다른 3가지 관점의 성과를 이끌어내는 원동력으로서 특히 구성원의 잠재역량이 강조되며, 지적자산의 가치 측정, 장기적 관점에서 경쟁력의 우위확보를 위한 혁신역량 등의 전략적 수단을 중요시하고 있다.

이를 결과차원에서 평가하기 위해서는 조직, 임직원, 정보인프라와 조직문화 등에서 학습과 혁신을 통한 능력의 향상과 성장 정도에 관련된 지표들을 활용한다.

가설 5.4: 소프트웨어 벤처기업의 기업성과는 정(+)적인 학습 및 혁신 성과에 의해 측정될 수 있다.

제5장 연구 방법

5.1. 자료수집

5.1.1. 표본선정 과정

본 연구에서는 국내의 소프트웨어 벤처기업 중 표본업체를 선정하기 위해 중소기업청에 벤처기업으로 등록된 업체의 목록을 활용하였다.

중소기업청에 벤처기업으로 등록된 업체는 〈표 5-1〉에서와 같이 전체 업종에서 7,730개 업체(2000. 7 현재)[2]가 포함되어 있다. 이 중에서 주생산품이 소프트웨어, 컴퓨터프로그램, 인터넷솔루션 등으로 되어있는 소프트웨어 제품개발 벤처기업으로 총 794개 업체를 수작업으로 선정하여 새로운 표본업체 목록을 작성하였다.

이렇게 선정된 소프트웨어 벤처기업 794개 업체는, 중소기업청에 등록된 벤처기업 중 업종별로는 정보 및 컴퓨터 업종이 32.2%로서 총 1,782개 업체인 것으로 나타나고 있는데(출처: 중소기업통계, 중소기업청, 2000. 9) 이 중에서 하드웨어 및 네트워크 제품 등을 주로 취급하거나 정보통신 제품 유통부문의 벤처기업을 제외한 약 44.5%를 차지하는 규모이다.

---

2) 중소기업청의 벤처확인을 위한 현행의 제도하에서 ▲창투사 지분 10% 이상 ▲연구개발비 중 5% 이상 ▲특허 등 신기술 매출액 50% 이상 ▲평가기관 판정 중 한 가지 요건을 갖춰 벤처기업으로 인정된 기업이다. 그러나 앞으로는 벤처기업에 대한 확인요건을 대폭 강화하기 위해 연구개발비 비중과 창업투자회사의 지분을 기본으로 한 1차 심사와 전문기관에서의 2차 평가를 거치는 방식으로 전환되 추진되고 있다.(한국일보, 2000. 11. 3)

〈표 5-1〉 중소기업청 등록 벤처기업 업체현황

구분	서울	부산 울산	대구 경북	광주 전남	대전 충남	경기	인천	강원	충북	전북	경남	제주	계
등록업체 수	3,462	425	408	214	566	1,555	454	61	183	106	279	17	7,730
S/W업체	648	41	18	13	26	22	5	1	3	12	4	1	794

　이들 업체들은 대부분 직접 전화로 1차 접촉 후 소프트웨어의 개발 및 관련 연구개발, 마케팅업무를 현재 수행하는 벤처기업에만 설문이 이메일(E-mail)이나 우편에 의해 배포되도록 통제하였다. 대상업체 중에 설문이 배포되지 못한 업체들은 전화통화 단계에서 설문을 거부하거나, 아직까지 소프트웨어 제품개발 및 영업을 하지 않는 경우 그리고 전화통화가 불가능한 경우 등이었다.

　이들 업체를 대상으로 총 674매의 설문이 조사기간인 2000년 9월 10일부터 10월 31일 사이에 응답자의 희망에 따라 우편, 팩스 그리고 이메일에 의해 배포되었다. 이 규모는 작성된 목록에서 일부 업체를 제외한 거의 전수조사에 가까운 조사에 해당된다. 〈표 5-2〉에서와 같이 총 132매가 회수되어 회수율은 19.6%로 나타났다.

〈표 5-2〉 표본업체 및 설문지 회수율

표본업체 수	배포설문지 수(매)	회수 설문지 수(매)	회수율(%)
794	674	132	19.6

　따라서 본 연구에 사용된 표본 수(674개 업체)는 중소기업청에 등록된 소프트웨어 벤처기업(794개 업체)을 기준으로 전체 해당 업체 중 84.9%를 차지하는 것이며, 응답업체는 132개 업체로서 연구결과를 도출하는 데는 미흡하다고 할 수 있다. 이처럼 응답률이 높지 않고, 소프트웨어 벤처기업 중에서 응답에 부정적이거나 비협조적인 이유로서는 다음과 같은 현실적인

측면을 고려할 필요가 있다.

첫째, 본 연구를 위해 설문지 배포 전에 이루어진 전화접촉에서 중소기업청에 등록된 업체 중의 일부는 이미 전업, 도산이 진행 중이거나 파산된 경우까지 나타나서 전체 업체를 파악하는 자료로서 불확실성이 내포되어 있다.

둘째, 많은 벤처기업이 5명 이하의 소수 인력으로 소프트웨어 개발, 마케팅, 제품 기획 등을 수행하고 있으며, 최근 정부기관 등의 주기적인 실태조사 등 많은 설문조사가 업무 지장을 초래하고 있는 등 연구에 협조가 어려운 실정이었다.

셋째, 본 연구의 연구주제가 벤처기업의 성과를 평가하기 한 것으로서, 설문내용이 부득이하게 업체의 전반적이고 광범위한 부문의 현황, 특성과 실적 등을 묻기 때문에 회수율이 저조한 것으로 분석된다.

이와 관련된 연구 사례에서 응답업체 수 규모는 외국의 연구에서 정보통신업종 274개 업체를 대상으로 한 McDougall1, et, al.(1992)의 연구에 비해서는 적은 숫자지만, Van de Ven, et, al.(1984)의 12개 소프트웨어 업체와 Sandberg & Hofer(1987)의 17개 기업, Duchesneau와 Gartner(1990)의 13개 업체를 포함하여, 국내의 연구에서 조형래(1995)의 벤처창업인의 특성, 제품혁신성과 벤처기업 성과 간의 상황적 관계를 분석한 연구에서는 48개 업체를 대상으로 하고 있고, 김재향(1997)의 정보통신 신제품 성과에 관한 32개 업체의 55개 제품을 대상으로 하고 있음을 고려할 필요가 있다.

이 밖에 전체 업종을 대상으로 한 벤처기업의 성공요인에 관한 이장우(1997)의 연구에서 121개 업체, 한상설(1998)의 연구에서 112개 업체를 대상으로 응답내용을 분석대상으로 하고 있다.

따라서 소프트웨어 제품개발 관련 벤처기업에 국한된 본 연구에서의 응답업체 규모는 학문적인 측정도구 개발이라는 차원에서는 미흡하지만, 위와 같은 현실적 측면과 기타 연구사례 등을 종합적으로 고려해볼 때, 작지 않은 규모임을 알 수가 있다.

5.1.2. 설문결과 수집

본 연구의 분석단위는 개별기업 단위이다. 따라서 한 기업에 하나의 설문을 작성하도록 했다. 또한 설문서를 작성한 사람은 개별 기업의 대리급 이상의 중간관리자로 하여금 작성하도록 요청하였으며, 대체로 영업이나 마케팅 및 홍보 그리고 개발부서와 연구소에서 협의과정을 통해 작성하는 것이 보통이었다. 직급, 연령, 부서 등의 많은 통제가 측정오차를 줄이는 등 더 바람직한 결과를 가져올 수 있으나 설문의 문항이 많고, 설문의 관련된 범위가 어느 한 부서에 국한시킬 수 없는 현실성을 고려하지 않을 수 없었다.

〈표 5-3〉에서 응답업체의 창업 이후의 평균 영업기간을 의미하는 업력(業歷)은 약 4년으로 나타났다. 또한 소프트웨어 벤처기업의 성장단계를 총 5개의 단계로 첫째, 창업절차는 마쳤으나 사업인프라를 준비하고 있는 예비창업단계와 둘째, 타 기관으로부터 수주된 사업을 수행하여 초기수익을 충당하는 창업초기단계 셋째, 자체 개발된 첫 제품을 출시하여 영업하는 초기제품단계 넷째, 다양한 제품을 출시하여 영업을 가속화하는 다중제품단계 그리고 업계의 선두그룹에 속하며 수익을 적립 및 재투자할 수 있는 안정성장단계로 나누어 응답하도록 한 결과는 다음 〈표 5-3〉 표본업체의 성장단계별 평균 업력(業歷)에 나타나 있다.

〈표 5-3〉 표본업체의 성장단계 및 평균업력

성장단계	빈도	비율(%)	누계비율(%)	평균업력
평 균	132	100.0		4.0
예비창업단계	3	2.3	2.3	11
창업초기단계	17	13.1	15.4	2.6
초기제품단계	47	36.2	51.6	3.0
다중제품단계	50	38.5	90.1	4.8
안정성장단계	13	10.0	100.0	6.7

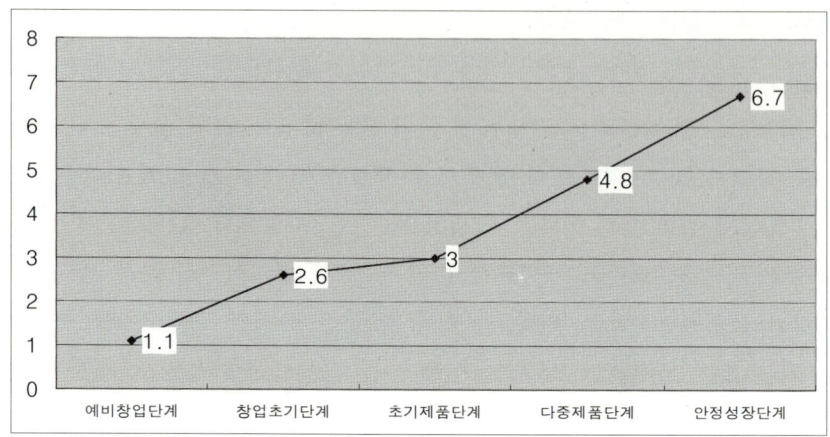

〈그림 5-1〉 표본기업의 성장단계별 평균업력

5.2. 자료의 특성

수집된 자료의 일반적 특성을 살펴보면 다음과 같다(응답내용은 2000년 말을 기준으로 한 것임).

특히 초기제품 단계에 있는 벤처기업은 평균 업력이 3.0년으로 나타났는데, 이것은 소프트웨어 벤처기업이 창업하여 초기제품을 출시하는 단계에 도달하기 위해서는 평균 3년이 소요되는 것을 의미한다. 즉 창업 후 3년까지는 매출실적이 없거나 있다고 해도 제품개발을 위한 연구개발 또는 관련 용역의 수탁 등을 통한 매출로서, 소프트웨어 제품개발 및 판매 등 소프트웨어 벤처기업에서 추구하는 본질적 영업활동의 결과로 보기 어려워 재무성과에 의한 소프트웨어 벤처기업의 성과평가에 회의를 제기할 수 있다.[3]

다음 〈표 5-4〉는 응답업체 총 132개 업체에서 주로 취급하는 소프트웨

---

3) 중소기업중앙회가 신설법인 6,730개를 표본으로 조사한 바에 의하면(매일경제, 2001. 1. 10, 3면), 손익분기점 시기를 일반기업은 3년 이내로 55.4%, 벤처기업은 51.6%로 응답하고 있다.

어의 유형을 응용 분야 측면에서 나누어서 분석한 것으로, 응답자들로 하여금 복수응답한 것이다.

가장 많은 비중을 차지한 응용소프트웨어 유형은 인터넷솔루션(Internet Solution) 관련 소프트웨어로서 36개 업체에서 응답하여 30.0%를 차지하였으며, 멀티미디어(multi-media), 교육, 보안부문의 응용소프트웨어 순으로 분석되었다. 가장 낮은 빈도는 지리정보 소프트웨어(Geographic Information System)로서 4개 업체에서 응답하였다. 기타 응용소프트웨어에도 27개 업체가 응답하였으며, 본 연구 설문에서 열거한 15가지 유형에 속하지 않는 소프트웨어 제품을 취급하는 업체도 12개가 있었다.

또한 〈표 5-5〉 소프트웨어 벤처기업의 영업 형태 현황에서 보는 바와 같이 응답업체 총 132개 업체 중에서 소프트웨어 제품개발이 122개 업체로 49%를 차지하고 있었으며, 이 밖에도 소프트웨어 제품 판매(28.9%), 소프트웨어 제품 관련 자문/컨설팅(12.4%), 타사제품 번역, 개선 및 최적화(customization) 공급(5.2%), 소프트웨어 교육(4.4%)의 순으로 나타났다.

〈표 5-4〉 표본업체의 주요 취급 소프트웨어유형

	응용소프트웨어 유형	응답수(복수응답)	비율
1	인터넷 솔루션	36	18.8
2	게임 s/w	6	3.1
3	교육 s/w	15	7.8
4	그룹웨어	13	6.8
5	멀티미디어 s/w	16	8.3
6	CAD/CAM s/w	9	4.7
7	자동화 s/w	8	4.2
8	자연언어처리	6	3.1
9	지리정보 s/w	4	2.1
10	의료 s/w	6	3.1
11	통신 s/w	9	4.7
12	시스템 s/w	14	7.3
13	네트워크 및 보안 s/w	15	7.8
14	s/w 개발도구	8	4.2
15	기타 응용s/w	27	14.1
계		192	100.0

　이것은 소프트웨어 벤처기업의 주요 창업 목표는 제품개발 및 판매 등 이지만 현 단계에서 자문/컨설팅이나 타사제품의 최적화, 교육 등에서 매출이 발생되고 있는 것으로 분석된다.

〈표 5-5〉 표본업체의 영업 형태 현황

	구분	응답수(복수응답)	비중(%)
1	S/W제품개발	122	49.0
2	S/W제품판매	72	28.9
3	타사제품 번역, 개선 및 최적화 공급	13	5.2
4	S/W제품 관련 자문/컨설팅	31	12.4
5	S/W교육	11	4.4
계		249	100

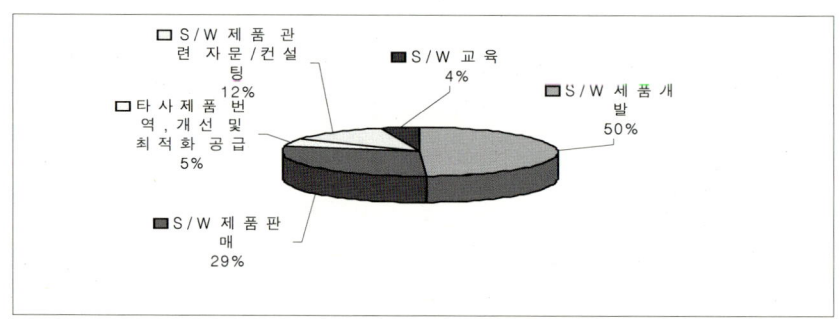

〈그림 5-2〉 응답업체의 영업 형태 현황

　또한 응답에 참여한 벤처기업의 사업 아이디어를 기반으로 개념설정에서 벤처 창업까지 소요된 기간은 응답업체 109개 업체의 평균 1.39년이 소요된 것으로 분석되었다.4)

---

4) 중소기업중앙회가 신설법인 6,730개를 표본으로 조사한 바에 의하면(매일경제, 2001. 1. 10, 3면), 창업에 걸린 시간이 전체 기업을 대상으로 평균 243.5일이 소요되며, 벤처기업은 291.2일 소요된 것으로 나타났는데 이 결과와 비교할 때, 소프트웨어 벤처기업은 창업에 더 많은 기간이 소요되는 것을 알 수 있다.

벤처기업의 창업인에 대한 통계 분석 결과는 다음 〈표 5-6〉과 같다. 응답에 참여한 벤처기업의 창업인의 근무년수는 평균 10년 이상이며, 창업횟수는 평균 약 1.5회 정도이고, 경영자로서의 경력은 평균 5.5년, 평균나이는 약 36세 정도로 나타났다.5) 또한 창업인의 대학부터 포함하여 정규교육 년도는 평균 약 6.6년으로 나타나서 대학원 석사학위 이상을 소지한 것으로 분석된다.

〈표 5-6〉 표본업체의 창업인 현황

창업인 현황	N	Minimum	Maximum	평균	표준편차
근무년수	125	0	30	10.64	6.14
창업횟수	130	1	4	1.49	.72
경영자경력	125	1	20	5.50	4.07
경영자나이	125	18	57	35.79	6.02
교육년수	123	0	21	6.56	3.84

다음 〈표 5-7〉은 벤처기업의 인력현황을 분석한 결과를 나타내고 있다. 응답에 참여한 2000년 말 기준 벤처기업의 업체당 상근직원이 최소 1명에서 최대 250명까지의 분포를 보이고 있으며, 평균 약 37명으로 그리고 소프트웨어부문의 종사하는 인력은 평균 약 28명 정도로 나타났다. 직원 중에서 전문가수준의 고급인력이 차지하는 구성비는 평균 49%로 나타났으며, 직원들의 평균근무년수는 약 3.9년 정도로 응답하고 있다.

---

5) 중소기업중앙회가 신설법인 6,730개를 표본으로 조사한 바에 의하면(매일경제, 2001. 1. 10, 3면), 창업인의 나이는 평균 41.4세였으며 40대 경영자가 42.4%로 나타나 자장 높은 비중을 보이고 있다. 이 결과는 소프트웨어 벤처기업 창업자의 연령이 일반적인 기업의 평균치보다 더 젊다는 것을 나타내고 있다.

〈표 5-7〉 표본업체의 인력현황

인력 현황	N	Minimum	Maximum	평균	표준편차
상근직원 수	127	1	250	36.62	39.12
S/W 직원 수	124	1	230	22.46	27.17
고급인력비율	129	5	100	48.97	26.68
직원 평균근무경력	84	1	10	3.93	2.01

또한 〈표 5-8〉에서와 같이 연구개발(R&D)현황은 응답에 참여한 벤처기업의 2000년 말 시점을 기준으로 업체당 연구개발 전담인력 규모가 최소 1명에서 최대 65명까지 분포를 나타내고 있으며, 평균은 13.8명으로 나타났다.

2000년 말 기준 업체당 연간 연구개발비용은 평균 7억 3천만 원으로서 연구개발 인력 1인당 평균 4천 3백만 원 수준이고, 이것은 총매출액의 74.8%를 차지하는 것으로 나타나고 있다. 이 수치는 일반 벤처기업의 최근 연구개발 투자비와 비교시 아주 많은 것임을 알 수 있다.6) 또한 연구개발 비용 중 시설비에 24.8%를 그리고 교육 및 훈련비용에는 평균 15.4%를 사용하고 있는 것으로 나타났다.

〈표 5-8〉 표본업체의 연구개발(R&D) 현황

연구개발 현황	N	최소	최대	평균	표준편차
연구개발인력(명)	102	1.0	65.0	13.8	12.1
R&D인력 증가율(%)	77	-26.0	3,314.0	138.4	379.8
연구개발비(천만 원)	83	1.0	2,000.0	73.5	238.1
R&D투자비용 평균증가율(%)	64	-19.00	4,900.0	316.8	665.0
1인당 평균R&D 비용	85	0.28	50.0	4.3	7.8
매출액 대비 평균 R&D투자비율(%)	68	1.46	833.3	74.8	156.1
R&D 중 시설비 비율(%)	76	1.0	90.0	24.8	18.2
R&D 중 교육훈련비 비율(%)	71	0.0	90.0	15.4	18.0

6) 중소기업협동조합중앙회에서 99. 9 .1-10. 20까지 조사한 기업의 매출액 대비 연구개발 투자비는 대기업 2.10%(97년), 중소기업 0.30%(97년), 벤처기업 33.70%(98년)로 나타났으며, 벤처기업은 총 4,008개를 대상으로 하였음(중소기업실태조사, 중소기업중앙회).

〈표 5-9〉에서 응답에 참여한 소프트웨어 벤처기업의 재무현황을 살펴보면, 2000년 12월 말 기준으로 연평균 총매출액(예상액 포함)이 3,751백만 원으로 나타나고 있다.[7] 이중에서 소프트웨어부문의 매출액은 평균 2,515 백만 원으로 나타나서 응답업체는 전체 매출액 중에서 약 67%를 소프트웨어부분에서 거두고 있는 업체들인 것으로 분석된다. 또한 최근 3년간에 걸친 매출액 증가율은 약 505%로, 인당 매출액 증가율은 172% 정도로서 크게 신장된 것으로 나타났다. 또한 최근 3년간 수출매출액은 총 35개 응답업체에서 평균 10%로서 수출에 주력하는 소프트웨어 벤처기업은 적은 것으로 나타났으나, 이들중 절반 정도인 17개 업체에서 최근 3년간 평균 264%의 높은 신장률을 보이고 있고 최대 1500%의 급신장률을 나타낸 기업의 사례에서 볼 수 있듯이 앞으로의 전망이 높다고 볼 수 있다. 그러나 이러한 재무적 자료는 응답업체 132개사 중 대체로 절반 정도만이 응답하고 있음을 알 수 있다.

〈표 5-9〉 표본업체의 매출현황

매출 현황	N	최소	최대	평균	표준편차
총매출액(천만 원)	77	0	1973	328.0	422.3
매출액 평균증가율(%)	66	-53.3	5455.6	505.8	1079.8
인당 평균매출액(천만 원)	79	0	57.7	7.7	9.2
인당 매출액 평균증가율(%)	65	-74.3	3168.0	172.0	427.5
S/W부문매출액(천만 원)	75	0	1500	203.5	300.1
SW매출액 평균증가율(%)	60	-53.0	47400.0	1283.7	6204.2
수출매출액 평균비율(%)	35	0.0	60.0	10.6	15.3
수출매출액 비중 평균 증가율(%)	17	0.0	1500.0	264.0	431.0

---

[7] 2000년 국내 벤처기업의 평균 매출액 규모는 53.03억 원으로 1999년의 44.98억 원보다 증가한 것으로 나타나고 있는데, 이에 비교해 소프트웨어 벤처기업의 연평균 매출액은 벤처기업 평균매출액 대비 약간 저조한 실정임(2001年度 벤처企業 精密實態調査 結果, 중소기업청, 2001. 8).

〈표 5-10〉에서 나타난 바와 같이 응답에 참여한 소프트웨어 벤처기업의 재무현황에서는 2000년 12월 말 기준으로 평균 자본금은 2,708백만 원이며, 최근 3년간의 자본금에 대한 평균 증가율은 524%로 나타났다. 마찬가지로 이러한 재무적 자료는 응답업체 132개사 중 절반 정도만이 실제로 응답하고 있음을 알 수 있다.

〈표 5-10〉 표본업체의 재무현황

(2000년도 말 기준, 단위: 천만 원, %)

	N	최소	최대	평균	표준편차
자본금	72	2	2,441	163.4	313.8
자본금 평균증가율(%)	48	-53.3	7,140.0	524.2	1,149.0
자기자본	59	2	8,707	602.4	1,849.8
유동부채	45	0	1,320	76.9	220.8
고정부채	44	0	6,600	172.6	992.2
매출이익	53	0	5,500	370.4	867.0
영업이익	48	-5	1,400	139.6	301.1
경상이익	46	0	1,309	123.1	289.1
순이익	47	0	1,200	122.9	272.5
고정자산	50	0	7,500	279.4	1,072.1
유동자산	45	0	8,600	597.0	1,742.3

5.3. 연구방법론

본 연구에서 적용되는 연구방법은 다음과 같다. 먼저 선정된 변수들이 가지는 측정도구로서의 정확성 및 타당성 분석을 위해 탐색적 요인분석(factor analysis)과 신뢰성분석(reliability test)을 수행하고, 제시된 성과요인들이 소프트웨어 벤처기업의 성과에 미치는 인과적 영향분석을 통한 가설검증에는 공분산구조모형 분석을 활용한다. 그 이유는 일반적인 벤처기업의 성과요인에 관한 기존 연구가 대체로 체계화되어 있지 않을 뿐만 아나라, 연구자나 연구대상 등에 따라 상이한 결과를 나타내는 요인들이 다수 제시되고 있음을 고려하여 먼저 탐색적 접근방법을 통해서 소프트웨어 벤처기업의 성과요인 및 성과 측정도구를 개발하고, 이를 바탕으로 한 제반 성과요인변수들과 결과차원의 성과변수 간 인과적 영향관계는 인과모형을 검증한다. 인과관계 연구는 원인변수가 다른 결과변수에 미치는 영향력을 분석하는 것이다.

다음 〈그림 5-3〉은 본 연구에서 적용하는 연구분석의 과정을 나타내고 있다. 먼저 설문에서 제시된 문항이 연구변수와 관련된 문항인지의 타당도를 검증하기에 앞서서 예비분석을 실시하는데, 이것은 하나의 연구변수와 관련하여 서로 높은 상관관계를 갖는 문항만을 추출하는 과정이다.

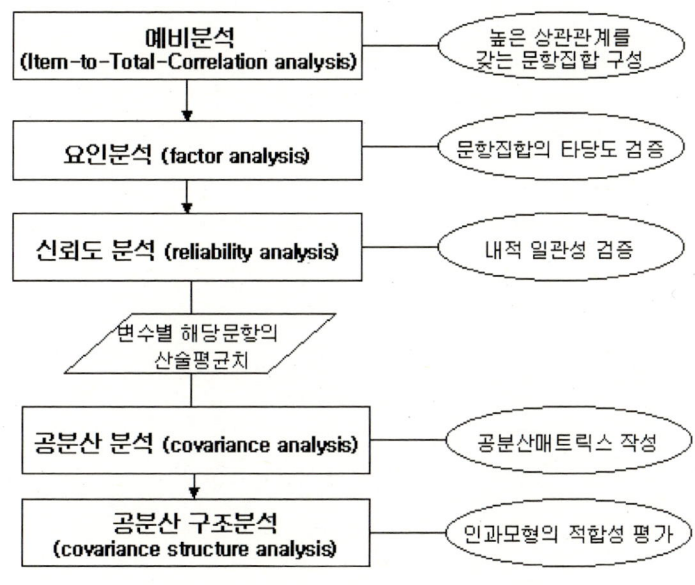

〈그림 5-3〉 본 연구의 연구방법론

설문 문항이 가지는 측정도구로서의 타당도 검증을 위해 요인분석 (factor analysis)을 실시하며, 내적 일관성 검증은 신뢰도 분석을 활용한다.

이를 바탕으로 검증된 설문문항들의 응답치에 대해 구해진 산술평균값이 통계분석에 활용되며, 특히 인과모형의 검증을 위해서는 공분산매트릭스(covariance matrix)가 투입행렬로서 적용된다.

위의 과정에서 예비분석, 요인분석, 신뢰도 분석과 공분산매트릭스 작성을 위한 공분산분석 과정은 SPSS(9.0 for windows)를 활용하고 인과모형, 구조방정식모형 등으로 불리우는 공분산구조모형의 분석(covariance structure analysis)은 LISREL(Linear Structural Relationships windows 8.12a)을 사용하여 분석한다.

제6장 자료 분석 및 결과

6.1. 타당성 및 신뢰성 분석

본 연구에서 제시한 13개의 성과요인변수와 4개 성과변수에 대한 연구 설문은 〈표 6-2〉의 문항수(a)와 같이 각각 5~21개 문항으로 설정되어 있다. 이들 각 문항은 5점 Likert-Scale로서 응답하게 하였다. 또한 설문상에 수치를 직접 기재하도록 한 일부 재무성과 관련 문항은 응답된 수치의 크기를 기준으로 5점 척도로 코드화하여 활용하였다.

〈표 6-1〉 평가항목 구성을 위한 예비분석(Item-total Statistics)방법 예시

과정	평가 문항	Scale Mean if Item Deleted	Scale Variance if Item Deleted	Corrected Item-Total Correlation	Alpha if Item Deleted
예비 분석 (1차)	A1) 주력 기술/제품 분야의 확정 및 시장 진출진행 정도	32.4286	24.8791	.6956	.6067
	A2) 주력 기술/제품부문에서 조기 시장진입 정도	32.9286	27.4560	.5515	.6443
	A3) 세분화된 시장에서 기술제품의 차별성 확보 정도	32.0000	30.7692	.6813	.6457
	A4) 신시장을 창출하는 능력 보유 정도	32.2143	31.7198	.4234	.6746
	A5) 시장규모의 성장 정도	31.8571	35.8242	.3175	.6981
	A6) 주력 기술/제품 관련 시장 세분화의 적절성 정도	33.1429	29.3626	.5032	.6572
	A7) 생명주기상의 위치	35.0714	36.9945	.1126	.7121
	A8) 기진출 시장의 진입장벽 강도	32.4286	29.8022	.5088	.6575
	A9) 신규 시장에 대한 진입장벽의 강도	34.0000	38.3077	-.1437	.7897
	A10) 경쟁업체의 정도	32.4286	32.4176	.2975	.6952
예비 분석 (2차)	A1) 주력 기술/제품 분야의 확정 및 시장 진출진행 정도	19.0667	13.2368	.6931	.6895
	A2) 주력 기술/제품부문에서 조기 시장진입 정도	19.3333	15.4023	.5523	.7325
	A3) 세분화된 시장에서 기술제품의 차별성 확보 정도	18.7667	17.4954	.5077	.7454
	A4) 신시장을 창출하는 능력 보유 정도	18.7333	17.3057	.5243	.7416
	A6) 주력 기술/제품 관련 시장 세분화의 적절성 정도	19.7333	16.2023	.5476	.7335
	A8) 기진출 시장의 진입장벽 강도	18.8667	18.6713	.3177	.7852
예비 분석 (최종)	A1) 주력 기술/제품 분야의 확정 및 시장 진출진행 정도	15.7857	9.3920	.7110	.7240
	A2) 주력 기술/제품부문에서 조기 시장진입 정도	16.0714	10.8972	.5754	.7707
	A3) 세분화된 시장에서 기술제품의 차별성 확보 정도	15.6429	12.4303	.5778	.7728
	A4) 신시장을 창출하는 능력 보유 정도	15.6667	12.6179	.5499	.7798
	A6) 주력 기술/제품 관련 시장 세분화의 적절성 정도	16.4524	11.1318	.5674	.7725

　　또한 이들이 측정도구로서의 타당성과 신뢰성을 확보하기 위한 첫째단
계로는 요인분석을 실시하기 전에 각 항목들이 가지는 측정오류와 구성개
념의 핵심을 공유하는지를 확인하는 예비분석(preliminary analysis)을 실시
한다. 이를 위해 각 항목들의 적절성을 검사하는 방법 중의 하나로 제시된
바(Joshi, 1989) 있는 Item-to-Total-Correlation 분석을 활용하였다. 즉 검
사결과 상관관계가 낮은 항목들을 제거하고 다시 분석을 실시하여 좋은 결
과가 있을 때까지 반복하여 적절한 항목만을 추출하는 방법이다.

　　예를 들면 시장환경과의 적합성(X1)에 관련된 문항으로 예비분석 이전단
계에서는 (A1)번에서 (A10)번까지 총 10문항이 설정되어 있었으나, 〈표
6-1〉에서와 같이 1차의 Item-total Statistics 분석 결과 Corrected
Item-Total 상관값이 0.4 미만인 4개 문항(A5, A7, A9, A10)을 배제한 후
계속된 2차에서 1개 문항(A8)이 제거됨으로써, 모든 항목들의 Corrected
Item-Total 상관값이 0.4 이상이 될 때까지 다시 분석을 수행한 결과 총 5개
문항(A1, A2, A3, A4, A6)이 남게 되었다.

<표 6-2> 설문문항의 신뢰도 분석 결과 종합

범 주	측정변수		문항수		적재량 범위	총분산		Cronbach
		최초	예비 분석 후	신뢰도 분석 후		아이겐값	비율(%)	α계수
비즈니스 전략	시장환경과의 적합성	10	5	5	0.833~0.709	2.839	56.790	0.8034
	경쟁전략 특성	16	7	7	0.891~0.686	4.288	61.260	0.8701
	외부협력관계	6	4	4	0.820~0.685	2.368	59.190	0.7658
	환경변화 대응능력	12	12	12	0.972~0.844	9.862	82.187	0.9790
비즈니스 자원	조직 특성	9	9	9	0.912~0.613	5.326	59.172	0.9012
	창업경영인 능력	21	7	7	0.767~0.521	3.186	45.520	0.7779
	기업문화	13	7	7	0.930~0.782	5.162	73.743	0.9369
기술전략	기술 및 SW제품 특성	24	6	6	0.872~0.597	2.925	48.745	0.7645
	기술 및 제품개발전략	17	13	13	0.879~0.488	7.641	58.776	0.9392
	기술영업전략	17	7	7	0.893~0.592	3.607	51.522	0.8326
기술자원	인적자원	10	3	3	0.821~0.706	1.763	58.753	0.6454
	연구개발능력	18	4	4	0.836~0.668	2.398	59.956	0.7630
	지적자산	13	3	3	0.805~0.762	1.858	61.928	0.6641
종합성과	고객성과	10	5	5	0.886~0.707	3.223	64.466	0.8600
	재무 성과 / 성장성	10	5	5	0.900~0.570	3.085	61.707	0.8426
	재무 성과 / 수익성/활동성	5	3	3	0.963~0.527	2.085	69.509	0.6110
	재무 성과 / 안정성	3	2	0				
	내부프로세스성과	5	5	5	0.853~0.673	2.831	56.626	0.7826
	학습 및 혁신성과	15	12	12	0.896~0.605	5.790	48.249	0.8990

이와 같은 예비분석 결과 추출된 항목만을 대상으로 주성분 요인분석 (principle component analysis)을 실시하되, 측정변수의 타당도(construct validity)를 높이기 위해 최고치의 고유값(eigen value)을 나타내는 1개 항목에 적재(factor loading)되는 문항들을 최종항목으로 선정하였다. 요인분석 결과는 <표 6-2>에서와 같이 일반적으로 인정되는 결정기준치인 고유값 1.0 이상, 적재량 0.4 이상을 모두 초과하고 있기 때문에 타당성이 있음을 알 수 있다.

또한 이들 문항들의 신뢰도는 <표 6-2>에서와 같이 크론바하 알파값 (Cronbach's alpha)이 0.6 이상으로 나타나고 있어 설정된 변수들의 측정에서 내적 일관성을 확보하고 있음을 알 수 있다.

6.2. 변수의 조작적 정의 및 측정항목

이상의 분석과정을 거쳐 각 변수를 신뢰도와 타당도 차원에서 적정하게 측정한 것으로 최종 선정된 문항들은 다음과 같다.

우선 성과요인 영역 중 비즈니스전략 영역의 측정항목은 다음 〈표 6-3〉에 제시되어 있다. 시장환경 적합성(X1)은 주력 기술 및 제품 분야에 시장진출 정도, 시장 진입시점에서 앞선 정도(first mover's advantage), 벤처기업의 제품이 가지는 세분화된 시장에서의 차별성, 새로운 시장 창출 능력의 정도 그리고 시장환경이 벤처기업이 활동할 수 있도록 적절하게 세분화된 정도(Chrisman, 1988; William, 1997; Carter, 1994; McDougall, 1994; Harrigan, 1986; Cooper, 1986; MacMillan, 1987; Tsai et al., 1991; Keeley & Roure, 1990; Sandberg & Hofer, 1987) 등 5개의 문항을 각각 5점 척도로 측정하고 이들의 산술평균치를 분석에 사용하였다. 예를 들면 시장환경과의 적합성을 측정하는 5개 문항에서 모두 1(아주 그렇지 않다 또는 매우 미흡한 수준이다)에 응답한 기업은 평균치가 1점으로 평가되며, 반대로 모두 5(매우 그렇다)에 응답한 기업은 평균치가 5점으로 평가된다.

또한 경쟁전략 특성(X2)은 전통적인 전략특성인 가격우위, 집중화전략, 다양화전략, 차별화전략의 수준, 경쟁사의 동향 및 대처능력과 대고객 서비스 수준의 강화 정도 등 7개의 문항(Porter, 1985; Chandler, 1994; Abell, 1980; Kunkel, 1991; Sandberg, 1987)을 각각 5점 척도로 측정하고 이들의 산술평균치를 분석에 사용하였다.

외부협력관계(X3)는 관련 대기업, 외부 연구기관 및 전문가, 유관업체 등과의 수평적 및 수직적 협력관계의 정도, 외부 지원기관으로부터의 자금 조달 확보능력의 정도 등 4개의 문항(Slevin & Covin, 1995; 배종태,

1984)에 대해 각각 5점 척도로 측정하고 이들의 산술평균치를 분석에 사용하였다.

환경변화에 대한 대응능력(X4)은 각종 환경요소로서 고객의 요구변화, 고객의 반응 변화, 경쟁환경 및 시장구조의 변화, 가격 및 수요예측의 변화, 제품 수요의 변화, 세계적인 선진 기업 및 출현 예상 기술분석 결과를 사업목표와 연계하는 정도, 기술 표준화 반영 및 주도, 정책환경의 변화, 미래의 외부환경에 대한 종합적 분석 및 사업목표와의 연계 정도 등 12개 문항(Lawrence & Lorsch, 1969; Dess & Beard, 1984; Kent, 1984; Zahra, 1993a; Covin, 1989; MacMillan, 1991; Carter et al., 1994)에 대해 각각 5점 척도로 측정하고 이들의 산술평균치를 분석에 사용하였다.

비즈니스자원 영역의 측정항목 역시 다음 〈표 6-3〉에서와 같다. 조직 특성(X5)은 조직구조의 유연성, 신축성, 의사결정의 합리성은 물론 관리비용의 최소화 정도, 부서별 구성원의 전문화, 원활하고 유기적인 협력관계 및 권한위양(authority empowerment)의 적절성, 구성원과 창업주 간 관계의 적절성 등의 9개 문항(Pugh, 1968; Reimann, 1974; Hage & Aiken, 1970; Covin, 1990; Dochesneau, 1990; Varamaki, 1996; Stuart & Abetti, 1990; Baum, 1994; 이장우, 1996 & 1997)을 각각 5점 척도로 측정하고 이들의 산술평균치를 분석에 사용하였다.

창업인 능력(X6)은 의사소통능력, 조직관리, 자금조달, 문제해결, 기획, 유연성과 사회봉사 정도 등의 7개의 문항(Gasse, 1982; Smith & Miner, 1984; Gartner, 1985; Van de Ven, 1984; Chandler, 1992; Ibrahim, 1986; Baum, 1995)을 5점 척도로 측정하고 이들의 산술평균치를 분석에 사용하였다.

기업문화 특성(X7)은 기업의 비전 및 목표의 설정과 구성원 간 공유 정도, 소그룹활동, 브레인스토밍(brain storming), 무주제(no topic)미팅 등 벤처문화의 활성화 수준, 기업가정신의 존중, 조직의 응집력과 열정 및 희생정신 그리고 종업원 지주제 등 보상정책의 실행 정도 등 7개의 문항(Deal & Kennedy, 1982; Peters & Waterman, 1982; Cooper, 1986; 이장우, 1994)을 각각 5점 척도로 측정하고 이들의 산술평균치를 분석에 사용하였다.

〈표 6-3〉 연구변수의 구성내용 및 측정(비즈니스전략 및 비즈니스자원부문)

범 주	측정 변수	측정문항	측정방법
비즈니스 전략	시장환경 과의 적합성 (X1)	1) 주력 기술/제품 분야의 확정 및 시장 진출진행 정도 2) 주력 기술/제품부문에서 조기 시장진입 정도 3) 세분화된 시장에서 기술제품의 차별성 확보 정도 4) 신시장을 창출하는 능력 보유 정도 5) 주력 기술/제품 관련 시장 세분화의 적절성 정도	$\sum_1^5 \dfrac{X1_i}{5}$
	경쟁전략 특성 (X2)	1) 가격경쟁에서 우위 지향 정도 2) 경쟁사의 동향 및 추격에 대처 정도 3) 경쟁전략 확보 정도 4)전략의 집중화 정도 5) 다양한 고객층 및 제품/서비스 전략 정도 6) 하드웨어 및 시스템사양 플랫폼에서 다양한 제품개발 지향 정도 7) 대고객서비스 수준의 향상전략 정도	$\sum_1^7 \dfrac{X2_i}{7}$
	외부협력 관계 (X3)	1) 관련 대기업과의 협력 정도 2) 외부 연구기관 및 전문가와의 협력관계 정도 3) 유관업체와 수평적 및 수직적 협력관계나 제휴 정도 4) 지원기관이나 벤처금융기관 등 외부자금 확보능력 정도	$\sum_1^4 \dfrac{X3_i}{4}$
	환경변화 대응능력 (X4)	1) 고객층 및 대상고객의 요구변화 분석과 사업목표의 연계 정도 2) 고객 반응의 변화추이 분석과 사업목표의 연계 정도 3) 경쟁환경 및 시장구조의 변화추이 분석과 사업목표의 연계 정도 4) 가격과 수요분석 및 예측과 사업목표의 연계 정도 5) 아이템 선정시 제품소요 추세 및 경기 전망의 반영 정도 6) 선진 기술/제품의 변화분석과 사업목표의 연계 정도 7) 세계적인 선진기업의 성과와 관련 기술분석 정도 8) 출현 예상 기술/제품의 분석과 사업목표의 연계 정도 9) 기술표준 반영 및 주도 정도 10) 정책 환경변화 추이의 분석과 사업목표의 연계 정도 11) 미래의 변화에 대한 분석과 사업목표의 연계 정도 12) 외부환경 변화에 대한 종합 분석과 사업목표의 연계 정도	$\sum_1^{12} \dfrac{X4_i}{12}$

범 주	측정 변수	측정문항	측정방법
비즈니스 자원	조직 특성 (X5)	1) 문제점해결시 조직의 유연성 정도 2) 조직의 기능적 신축성 정도 3) 의사결정과 보고체계의 합리성 정도 4) 부서 간 원활한 협력 정도 5) 소프트웨어사업 제반기능수행시 구성원의 전문화 정도 6) 관리비용의 최소화 정도 7) 협업에서 부서 간 유기적 협조 정도 8) 권한위양의 적절성 정도 9) 구성원과 창업주 간 관계의 적절성 정도	$\sum\limits_{i=1}^{9}\dfrac{X5_i}{9}$
	창업인 능력 (X6)	1) 의사소통능력 2) 조직통솔능력 3) 자금조달능력 4) 문제해결능력 5) 기획능력 6) 변화에의 유연성 7) 사회봉사 정도	$\sum\limits_{i=1}^{7}\dfrac{X6_i}{7}$
	기업문화 (X7)	1) 기업의 비전 및 목표설정 정도 2) 구성원의 비전 및 목표 달성 의지 공유 정도 3) 벤처문화(소그룹활동, 브레인스토밍, 무주제(No Topic) 미팅 등)의 활성화 및 문제해결과 연계 정도 4) 구성원의 기업가정신 존중문화 정도 5) 조직의 응집력 6) 열정 및 희생정신 7) 종업원지주제 및 이익배분세도의 실행 정도	$\sum\limits_{i=1}^{7}\dfrac{X7_i}{7}$

기술전략 영역의 측정항목은 다음 〈표 6-4〉에 제시되어 있다. 기술 및 소프트웨어 제품의 특성요인(X8)은 기업에서 다루는 기술이나 소프트웨어 제품이 연구이론이나 특허에 기반한 정도, 기술적 모방장벽의 정도, 기존 소프트웨어 기술이나 제품과의 향상 및 혁신 정도, 타제품을 대체하는 정도와 제품의 지속적인 운영과 유지보수가 용이한 정도 등 6개의 문항 (Scherer, 1980, Sandberg, 1987: Barney, 1991: Bachher & Guild, 1996) 을 각각 5점 척도로 측정하고 이들의 산술평균치를 분석에 사용하였다.

기술 및 제품의 개발전략(X9)은 프로젝트 관리책임자의 지위가 적절한 정도, 프로젝트관리에서 관리방법론의 적용수준, 개발표준의 설정 및 적용, 문제점 해결의 체계화 정도, 개발 목표 기술/제품의 명확성 정도, 프로세스의 계량적 관리 정도, 개발프로세스의 지속적 개선 및 향상 정도, 개선된 프로세스에 대한 교육/훈련프로그램에의 반영 정도, 핵심업무 처리과정의 정형화 및 문서화 정도, 문서화된 프로세스절차의 활용 정도, 소프트웨어 제품의 형상관리(configuration management) 체계화 정도, 소프트웨어 부품의 재활용 및 생산성 연계 정도, 신기술 및 개발기법에 대한 구성원 간 공유 정도 등 13개의 문항(김홍범, 1987)을 각각 5점 척도로 측정하고 이들의 산술평균치를 분석에 사용하였다.

기술영업전략(X10)은 소프트웨어기능의 추가 및 하자처리의 완벽성 정도, 충실한 사용자교육, 영업 및 개발의 긴밀한 대응 정도, 제품공급망 및 협력관계 확보 정도, 철저한 아이디어 수집 및 평가, 철저한 사업성 분석, 철저한 시험마케팅 등의 7개의 문항(Roberts, 1971; Carter et al., 1994; Cooper, 1979; 김홍범, 1987)을 각각 5점 척도로 측정하고 이들의 산술평균치를 분석에 사용하였다.

기술자원 영역의 성과요인 역시 〈표 6-4〉에 제시되어 있다. 인적자원 (X11)은 능력의 우수성, 관련 지식이나 학습내용의 이해 정도, 핵심 기술 및 제품 관련 전문인력의 매핑이 적절한지 등 3개의 문항(Randolph et al, 1991; Cooper et al., 1994; 이정원, 1993)을 각각 5점 척도로 측정하고 이들의 산술평균치를 분석에 사용하였다.

〈표 6-4〉 연구변수의 구성내용 및 측정방법(기술전략 및 기술자원부문)

범주	측정 변수	측정문항	측정방법
기술 전략	기술 및 SW제품 특성 (X8)	1)소프트웨어 제품의 연구이론 및 특허기반 정도 2)기술적인 모방장벽 정도 3)기존 소프트웨어 기술/제품 대비 향상 정도 4)기존 소프트웨어 기술/제품 대비 혁신성 정도 5)기존 소프트웨어 기술/제품의 대체 정도 6)소프트웨어 운영 및 유지보수 용이성 정도	$\sum_1^6 \dfrac{X8_i}{6}$
	기술 및 제품개발 전략 (X9)	1)개발 프로젝트책임자 직위의 적절성 정도 2)프로젝트관리가 관리방법론 적용 정도 3)표준설정 및 적용 정도 4)문제점 해결의 체계화 정도 5)개발목표 기술/제품의 명확성 정도 6)프로세스의 계량적 관리 정도 7)개발프로세스의 지속적 개선 및 향상 정도 8)개선된 프로세스에 대한 교육/훈련프로그램에의 반영 정도 9)핵심업무 처리과정의 정형화 및 문서화 정도 10)문서화된 프로세스절차의 활용 정도 11)소프트웨어 제품의 형상관리 체계화 정도 12)소프트웨어 부품의 재활용 및 생산성 연계 정도 13)신기술 및 개발기법에 대한 구성원 간 공유 정도	$\sum_1^{13} \dfrac{X9_i}{13}$
	기술영업 전략 (X10)	1)소프트웨어기능의 추가 및 하자처리의 완벽성 정도 2)충실한 사용자교육 3)영업 및 개발의 긴밀한 대응 정도 4)제품공급망 및 협력관계 확보 정도 5)철저한 아이디어 수집 및 평가 6)철저한 사업성 분석 7)철저한 시험마케팅	$\sum_1^7 \dfrac{X10_i}{7}$
기술 자원	인적자원 (X11)	1)능력의 우수성 정도 2)핵심 업무관련 지식 및 학습내용의 이해 정도 3)핵심 기술/제품 관련 전문인력의 매핑 정도	$\sum_1^3 \dfrac{X11_i}{3}$
	연구개발 능력 (X12)	1)핵심역량이 연구개발에 집중 정도 2)제품 기획 및 설계과정의 연계 정도 3)신제품 관련 기회포착 및 연구개발의 신속성 정도 4)연구개발의 창조적 분위기 확산 정도	$\sum_1^4 \dfrac{X12_i}{4}$
	지적자산 (X13)	1)관련 저작권 확보 정도 2)인허가 및 자격 확보 정도 3)기술/제품 기반 사업모델의 차별화 및 혁신 정도	$\sum_1^3 \dfrac{X13_i}{3}$

연구개발 능력(X12)은 핵심역량이 연구개발에 집중되는 정도, 연구개발
이 제품 기획이나 설계에 연계되고 신기술 개발 관련 기회를 포착하는지,

연구개발에서 창조적 분위기가 확산되어 있는 정도 등 4개의 문항(Carter et al., 1994)을 각각 5점 척도로 측정하고 이들의 산술평균치를 분석에 사용하였다.

지적자산(X13)은 사업 수행에 관련된 저작권, 인허가 및 자격확보 정도, 기술이나 제품에 기반한 사업모델이 지적자산으로서 차별화 및 혁신되는 수준 등 3개의 문항(McDougall & Robinson, Jr., 1990; Miller, 1991; Covin et al., 1990)을 각각 5점 척도로 측정하고 이들의 산술평균치를 분석에 사용하였다.

또한 결과차원에 해당되는 성과영역의 측정항목은 〈표 6-5〉에 나타나있는데, Kaplan과 Norton(1992)가 제시한 균형점수기법(Balanced Scorecard)의 4개 관점인 고객 성과(Customer's Perspectives), 재무성과(Financial Perspectives), 내부 비즈니스프로세스 성과(Internal Business Process Perspectives), 학습 및 혁신 성과(Learning and Innovation Perspectives) 영역을 원용하되, 주로 경영활동의 과정(process) 이후 단계에서 결과 (outcomes)에 이르는 성과를 측정하기 위한 항목으로 구성된다. 고객성과 (Y1)는 최근 3년간 고객의 증가 정도, 고객유지 기간의 증가도, 만족도의 향상 정도 등 5개의 문항( )을 각각 5점 척도로 측정하고 이들의 산술평균치를 분석에 사용하였다.

재무성과(Y2)는 첫째, 성장성 관련으로 최근 3년간의 총매출액의 평균증가율과 특히 소프트웨어 매출액의 평균증가율, 자산과 자본금의 평균증가율 등 5개 항목(McDougall, 1994; Miller & Friesen, 1982; 우카쿠, 1997)을 둘째, 수익성 및 활동성 관련으로 최근 3년간의 평균 매출액 대비 경상이익증가율과 평균 총자본경상이익률, 평균 경상이익증가율 등 3개 항목(우카쿠, 1997)으로 직접 업체에서 응답된 수치를 이용하여 총 8개 항목의 수치를 작성한 후 이를 각각 5점 척도로 변환하여, 산술평균치를 분석에 사용하였다.

이들 수치데이터를 5점 척도로 변환하는 과정에서는 SPSS 패키지의 기능인 범주화(categorize)명령으로서 단순하게 5등급으로 분류하지 않고, 각 항목별로 최대응답치와 최소응답치의 범위를 활용하여 계급구간을 설정하여 응답치가 해당 구간 내의 범위에 포함되는 경우 해당 5점 척도를 적용하였다. 예를 들면 「매출액증가율」항목의 경우 〈그림 6-1〉과 같이 범주화(categorize)명령을 사용하면 척도에 따라 해당 업체 수(N)가 고르게 분포되는 장점이 있으나, 인접한 매출증가율을 보이는 경우에도 다른 척도로 변환되는 단점이 있어, 이를 해소하기 위하여 증가율이 상대적으로 다른 기업체와 특이하게 나타난 3개 업체를 제외한 63개 업체에 대해 다음 식에 의해 설정된 계급구간에 따라서 합리적인 척도변환이 가능하게 되었다. 즉 5개 계급을 적용하면서, 중복되지 않고 동일한 간격을 갖는 「매출액증가율」 항목의 등급별 계급구간은 402.5%로 설정되었다.

$$\text{계급구간} = \frac{\text{최대값} - \text{최소값}}{\text{계급의 수}} = \frac{1958.8 - (-53.53)}{5} = 402.5$$

〈3년간 매출액증가율 항목의 경우〉

(categorize 명령에 의해 처리)				(계급구간 설정)			
척도	최소~최대	N		척도	새로운 구간	최소~최대	N
1	-53.3~39.5	13	⇒	1	-53.3~348.9	-53.3~348.8	48
2	40.0~88.9	13		2	~751.4	349.3~692.5	9
3	91.4~230.9	14	극한값업	3	~1153.9	900.0~1153.0	3
4	233.7~409.1	13	체 3개	4	~1556.4		0
5	552.2~5455.6	13	제외	5	~1958.8	1702.2~1958.8	3
		66					63

〈그림 6-1〉 수치데이터의 5점 척도로의 변환 사례

내부프로세스 성과(Y3)는 프로젝트의 성공 정도, 프로세스 품질 및 제품품질 수준, 불량율의 최소화 정도, 고객의 불만과 하자사항의 발생이 최소화된 정도 등 5개의 문항을 각각 5점 척도로 측정하고 이들의 산술평균치를 분석에 사용하였다.

학습 및 혁신성과(Y4)는 시장 및 고객에 정통한 전문가와 전문인력 증가 정도, 기술 및 제품개발 경쟁력 보유 전문인력의 증가 정도, 과거 경험과 타 기업의 모범사례(Best Practice)의 적용 정도, 습득 및 체득된 신지식의 조직 수용 정도, 기업성공과 부합되는 업무 혁신 정도, 업무혁신이 시장의 변화방향과 일치 정도, 혁신과 기업성과 목표달성에 기여 정도, 보유기술의 상품화에 대한 혁신 정도, 혁신의 자발성 정도, 성공기회가 많은 분야에서 혁신성 정도, 혁신의 적시성 정도, 혁신에 의한 시장 지위향상 성과 정도 등 12개의 문항(Hagedoorn & Schakenraad, 1994)을 각각 5점 척도로 측정하고 이들의 산술평균치를 분석에 사용하였다.

〈표 6-5〉 연구변수의 구성내용 및 측정방법(성과영역 부문)

측정변수		측정문항	측정방법
고객성과 (Y1)		1) 최근 3년간 고객증가 정도 2) 고객유지기간의 증가 정도 3) 동일 고객으로부터의 신제품 주문증가 정도 4) 고객만족도 향상 정도 5)내부 고객의 만족도향상 정도	$\sum_1^5 \dfrac{Y1_i}{5}$
재무 성과 (Y2)	성장성	1) 최근 3년간 총매출액 평균증가율 2) 최근 3년간 소프트웨어매출액 평균증가율 3) 최근 3년간 인당 평균매출액 증가율 4) 최근 3년간 평균자산증가율 5) 최근 3년간 자본금 평균증가율	$\sum_1^8 \dfrac{Y2_i}{8}$
	수익 활동성	1) 최근 3년간 평균 매출액 대비 경상이익 증가율 2) 최근 3년간 평균 총자본경상이익률 3) 최근 3년간 평균 경상이익증가율	
내부프로세스 성과 (Y3)		1) 기술/제품 개발프로젝트의 성공 정도 2) 기술/제품의 품질수준에 대한 객관적 인증 정도 3) 기술/제품의 품질수준에 대한 상대적 우수성 4) 기술/제품의 불량률 최소화 정도 5) 기술/제품의 고객 불만/하자사항의 발생률 최소화 정도	$\sum_{i=1}^5 \dfrac{Y3_i}{5}$

측정변수	측정문항	측정방법
학습 및 혁신성과 (Y4)	1) 시장 및 고객에 정통한 전문가 증가 정도 2) 기술/제품개발 경쟁력 보유 전문인력의 증가 정도 3) 과거 경험과 타 기업의 Best Practice(최고 사례)의 적용 정도 4) 습득/체득된 신지식의 조직 수용 정도 5) 기업성공과 부합되는 업무 혁신 정도 6) 업무혁신이 시장의 변화방향과 일치 정도 7) 혁신과 기업성과 목표달성에 기여 정도 8) 보유기술의 상품화에 대한 혁신 정도 9) 혁신의 자발성 정도 10) 성공기회가 많은 분야에서 혁신성 정도 11) 혁신의 적시성 정도 12) 혁신에 의한 시장 지위향상 성과 정도	$\sum_{1}^{12} \dfrac{Y4_i}{12}$

6.3. 공분산분석

다음 〈표 6-6〉는 13개 성과요인과 4개 성과변수 등 총 17개 변수를 대상으로 구해진 평균치 및 표준편차 그리고 측정치에 대해 공분산분석 처리한 결과를 보여주고 있다. 평균치(mean)를 살펴보면 성과요인 중에서 외부협력관계(3.0383)가 낮고 창업경영인 능력요인(4.0720)이 높았으며, 성과에서는 재무성과(2.6823)가 낮고 비즈니스프로세스성과(3.6692)가 상대적으로 높게 나타났다.

LISREL(Linear Structural Relationships)분석에서는 변수 간의 상관 매트릭스(correlation matrix)나 공분산 매트릭스(variance-covariance matrix)를 투입행렬로서 활용하게 되는데, 본 연구에서는 〈표 6-6〉의 하단부에 표시된 공분산 매트릭스를 연구모형의 검정을 위해 활용하였다.

〈표 6-6〉 측정변수 간 공분산분석 결과 및 평균값 (N=132, α=.8846)

	X1	X2	X3	X4	X5	X6	X7	X8	X9	X10	X11	X12	X13	Y1	Y2	Y3	Y4
평균	3.8417	3.8801	3.0583	3.6170	3.8655	4.0720	3.8026	3.7277	3.7714	3.6986	4.0342	3.5730	3.5364	3.6470	2.6823	3.6692	3.6401
S.D	.8060	.7749	.9832	.7909	.7215	.7037	.8219	.7063	.7836	.8090	.6760	.7765	.9844	.5966	.8698	.8293	.7599
X1	.6496																
X2	.2345	.6005															
X3	.2010	.1927	.9667														
X4	.2298	.3426	.2671	.6256													
X5	.1626	.3031	.1416	.2624	.5206												
X6	.2070	.1702	.2338	.2073	.2284	.4951											
X7	.1854	.2781	.0981	.3346	.3056	.2564	.6755										
X8	.1248	.2319	.2507	.1967	.1294	.1181	.1487	.4989									
X9	.1970	.2883	.1949	.3368	.2590	.2546	.3431	.2168	.6141								
X10	.1396	.3542	.1955	.3677	.2473	.2265	.3143	.2346	.3993	.6545							
X11	.1562	.2259	.0915	.2334	.1296	.1562	.2976	.1508	.2497	.2482	.4570						
X12	.0581	.1531	.0365	.1377	.1595	.0800	.2027	.0709	.1293	.1595	.1794	.6029					
X13	.1870	.0832	.2854	.1574	.0895	.2643	.2700	.1259	.1700	.1827	.2429	.2071	.9690				
Y1	.1672	.2235	.0984	.2139	.1587	.1783	.1991	.1400	.2547	.2927	.1668	.1066	.1972	.3559			
Y2	.0579	-.0680	.0796	-.0082	-.0364	.1109	.0693	-.0055	.0719	.1413	.0285	.0437	.1538	-.0046	.8043		
Y3	.2338	.3091	.1627	.2867	.2204	.2498	.2642	.1900	.2902	.3116	.2648	.1442	.2838	.2777	.0536	.6878	
Y4	.2448	.3005	.1689	.3162	.2367	.2528	.3395	.1715	.3265	.3054	.2829	.1470	.2618	.2685	-.0069	.3788	0.5774

6.4. 연구모형의 적합성 평가

본 연구에서는 제4장의 연구모형에서 제시된 13개 성과요인들이 소프트 웨어 벤처기업의 성과에 미치는 인과적 영향분석을 리스렐(LISREL)에 의한 공분산구조 분석에 의해 수행하였다.

리스렐 분석 결과에서 모형의 적합도(Goodness of Fitness)를 판정하는 데 널리 사용되고 있는 지수로는 카이제곱값(chi-square; χ^2), 기초적합지수 (GFI; Goodness of Fit Index), 수정적합지수(Adjusted GFI), 원소평균자승 잔차(RMSR; Root Mean-Square Residual) 등이 있다. 이들 적합도 지수들은 통계적 추론의 기준은 아니지만 일반칙으로서 적합도 판단의 기준이 된다.

카이제곱값(chi-square)으로는 연구모형이 자료에 부합하는 정도를 평가하는데, 작은 값일수록 부합하고 있음을 나타낸다. 모형의 적합도를 설명하는 기초부합지수(GFI)와 이를 확장한 수정부합지수(Adjusted GFI)는 각각 0.9 이상이면 우수한 모형으로, 0.8 이상이면 양호한 모형으로 간주한다. 원소평균자승잔차(RMSR)는 변수 간의 상관행렬(Correlation Matrix)를 투입행렬로 사용한 경우에는 0.05 이하를, 공분산행렬(Variance-Covariance Matrix)을 투입행렬로 사용한 경우 0.08 이하를 권장수용기준으로 한다(조선배, 1996).

모델의 간명도(parsimony)는 적합도(fitness)와 역의 관계에 있으며, 이것은 모형에서 사용하는 변수의 수응 가능한 한 최소화하는 것이 바람직하다는 의미이다. 모델의 적합도를 높이려면 변수를 추가하면 된다. 그러나 변수의 추가는 간명도를 희생시키게 된다. 간명도 지수는 카이제곱값(χ^2)을 자유도로 나눈 값을 많이 사용하며, 이 값이 1에서 2의 사이에 있으면 바람직하다. 또한 표준부합지수(NFI; Normed Fit Index)는 0.9 이상이면, 간명기초부합지수(PGFI; Parsimony Goodness of Fit Index) 및 간명표준부합지수 (PNFI; Parsimony Normed Fit Index) 등은 0.6 이상이면 바람직하다.

변수 간의 인과관계를 설명하기 위해 본 연구에서 제시된 4개의 연구모형 후보에 대한 인과모형의 적합도를 평가하기 위한 지표는 〈표 6-7〉에 각각 나타나 있다.

이중에서 각종 부합도 지수 및 간명도 지수를 비교분석한 결과 최적의 설명력을 나타내는 모형으로 4개의 연구모형 후보 중에서 〈모형Ⅰ〉이 선정된다. 〈표 6-7〉에서 볼 수 있듯이 〈모형Ⅰ〉의 적합도 지표를 분석해보면 카이제곱값은 50.36이며, p값은 0.15를 나타냈고, 자유도가 41이므로 카이제곱값을 자유도로 나눈값이 1.22이다.

또한 기초적합지수(GFI)는 0.96, 수정적합지수(AGFI)는 0.85이며, 원소평균자승잔차(RMSR)는 0.02로서 모든 지표항목에서 완전히 만족스럽지는 않지만 추정치의 개수가 많은 데 비해서 주어진 표본의 규모가 작은 것을 고려할 때 대체로 수용가능한 수준으로 판단할 수 있으며, 상대적으로 다른 연구모형 후보의 적합도 지수보다 양호한 수치임을 알 수 있다.

〈표 6-7〉 연구모형 후보의 적합성 평가 결과[8]

특징/비교 \ 모형	모형Ⅰ	모형Ⅱ	모형Ⅲ	모형Ⅳ	비 고
자유도	41	110	15	109	모수가 추정된 다음의 이용가능한 정보단위의 수
카이스퀘어	50.36	160.57	5366.83	410.29	적을수록 바람직(표본의 크기에 관련이 깊음)
카이스퀘어/자유도	1.22	1.45	357.79	3.76	1~2 내지 3 정도가 바람직
카이스퀘어의 P값	0.15	0.00	0.00	0.00	≥0.05 바람직
기초부합지수: GFI(Goodness of Fit Index)	0.96	0.88	0.78	0.72	≥0.90 바람직
수정부합지수: AGFI(Adjusted Goodness of Fit Index)	0.85	0.83	-1.19	0.60	≥0.90 바람직
원소평균자승잔차: RMSR(Root Mean-Square Residual)	0.02	0.05	85134.35	0.15	KM의 경우 0.05 이하 CM의 경우 0.08 이하
표준부합지수: NFI(Normed Fit Index)	0.95	0.83	-4.71	0.56	≥0.9 바람직
간명기초부합지수: PGFI (간명표준부합지수: PNFI)	0.26 (0.29)	0.63 (0.67)	0.08 (-0.52)	0.51 (0.45)	간명도(Parsimony) (〉0.6 이면 바람직)
아카이케정보기준: Model AIC	274.36	246.57	5642.83	498.29	AIC(Akaike Information Criteria): 모델의 설명력과 안정성, 낮을수록 바람직

6.5. 연구결과

6.5.1. 가설검증 결과

시장환경과의 적합성 등 본 연구에서 설정된 13개의 원인측정변수와 종속변수인 소프트웨어 벤처기업의 성과와의 관계를 가설검증한 결과는 다음 〈표 6-8〉에 요약되어 있다.

비즈니스전략(BS)의 영역에서 시장환경의 적합성과 소프트웨어 벤처기업의 성과 사이에 관계를 살펴보기 위한 가설(H11)에서는 경로계수(γ_{x1})가 0.169이고 t값은 1.940으로 90%신뢰수준(t≥1.645)에서 유의적인 인과관계를 나타내므로 「시장환경적합성이 소프트웨어의 벤처기업에 정(+)의 인과관계를 갖는다」는 가설(H11)을 채택하게 된다. 마찬가지로 경쟁전략 특성과 소프트웨어 벤처기업의 성과 사이의 경로계수(γ_{x2})는 0.249이며 t값은 2.154로서 95%신뢰수준(t≥1.960)에서 유의적인 인과관계를 나타내고 있어 해당 가설(H12)이 채택된다. 그러나 외부협력관계, 환경변화에의 대응능력 등과 소프트웨어 벤처기업의 성과 사이에 각각 설정된 정(+)의 인과관계가 있을 것이라는 가설(H13, H14)은 t값이 낮아 채택되지 못하였다.

비즈니스자원(BR) 영역에서는 창업경영인 능력과 소프트웨어 벤처기업의 성과 사이의 경로계수(γ_{x6})가 0.229이고 t값은 2.027로 나타나서 95% 신뢰수준(t≥1.960)에서 유의적인 인과관계를 보여주고 있어 관련 가설(H22)이 채택된다. 그러나 기업문화 특성 그리고 조직

특성과 소프트웨어 벤처기업의 성과 사이에 각각 정(+)의 관계를 가정한 가설(H21, H23)은 t값이 낮아 채택되지 못하였다.

기술전략(TS)의 영역에서는 기술 및 제품개발전략과 소프트웨어 벤처기업의 성과 사이의 경로계수(γ_{x9})가 0.201이며 t값은 1.793으로서 90%신뢰수

---

8) 카이제곱값/자유도=1~2 또는 3범위이면 좋음, 원소평균자승잔차≤0.08(공분산 행렬), 적합지수≥0.9 이상이면 적합도가 우수함(강병서, 1999).

준(t≥1.645)에서 유의적인 정(+)의 관계를 나타내 관련 가설(H32)이 채택된다. 또한 기술영업전략 특성과 소프트웨어 벤처기업의 성과 사이의 경로계수(γ_{x10})가 0.252이며 t값은 2.241로서 95%의 신뢰수준(t≥1.960)에서 유의적인 정(+)의 관계를 나타내 관련 가설(H33)도 채택된다. 그러나 벤처기업이 보유한 기술 및 소프트웨어 제품의 특성과 성과 사이에 정(+)의 관계를 가정한 가설(H31)은 t값이 낮아 채택되지 못했다.

기술자원(TR) 영역에서는 인적자원과 소프트웨어 벤처기업의 성과 사이의 경로계수(γ_{x11})는 0.253이며, t값은 2.218로서 95%의 신뢰수준(t≥1.960)에서 유의적인 관계를 나타내 관련 가설(H41)은 채택된다. 또한 지적자산과 소프트웨어 벤처기업의 성과 사이의 경로계수(γ_{x13})는 0.192이며, t값은 2.508로서 95%의 신뢰수준(t≥1.960)에서 유의적인 관계를 나타내 관련 가설(H43)이 채택된다. 그러나 연구개발능력과 성과 사이의 가설(H42)은 t값이 낮아 채택되지 못했다.

〈표 6-8〉 측정변수와 잠재요인간의 경로계수[9]

연구모형에서의 관계	경로	경로계수	표준화경로계수	표준오차	t값	유의수준	가설검증
H11 시장환경의 적합성/종합성과	γx1	0.169	0.137	0.087	1941	0.10	채택
H12 경쟁전략 특성/종합성과	γx2	0.249	0.193	0.116	2.154	0.05	채택
H13 외부협력관계/종합성과	γx3	-0.097	-0.095	0.072	-1352		불채택
H14 환경변화 대응능력/종합성과	γx4	0.113	0.090	0.107	1063		불채택
H21 조직 특성/종합성과	γx5	0.045	0.033	0.111	0.408		불채택
H22 창업경영인 능력/종합성과	γx6	0.229	0.161	0.113	2.027	0.05	채택
H23 기업문화/종합성과	γx7	0.016	0.013	0.101	0.160		불채택
H31 기술 및 SW제품특성/종합성과	γx8	0.044	0.031	0.112	0.442		불채택
H32 기술 및 제품개발전략/종합성과	γx9	0.201	0.158	0.112	1793	0.10	채택
H33 기술영업전략/종합성과	γx10	0.252	0.204	0.119	2.241	0.05	채택
H41 인적자원/종합성과	γx11	0.253	0.171	0.084	2.122	0.05	채택
H42 연구개발능력/종합성과	γx12	-0.007	-0.005	0.076	-0.081		불채택
H43 지적자산/종합성과	γx13	0.192	0.189	0.074	2.508	0.05	채택
종합성과/고객성과	λy1	0.452	0.758	0.070	6.451	0.027	채택
종합성과/재무성과	λy2	0.065	0.072	0.083	0.780		불채택
종합성과/내부프로세스성과	λy3	0.607	0.732	0.096	6.335	0.027	채택
종합성과/학습 및 혁신성과	λy4	0.608	0.780	0.092	6.595	0.027	채택

156

또한 본 연구에서 연구모형 후보 Ⅱ, Ⅳ에서 비즈니스전략(BS), 비즈니스자원(BR), 기술전략(TS), 기술자원(TR) 등은 원인잠재변수로서 정의된 바 있으나 연구모형의 적합도가 좋지 않은 결과 배제됨으로써, 13개 성과요인이 이들 4개 성과원인 영역으로 각각 유형화된 상태에서의 인과적인 성과관계 개념은 성립하지 않는 것으로 나타났다.

또한 결과잠재변수로 설정된 소프트웨어 벤처기업의 종합성과(ξ)와 결과측정변수인 고객관점의 성과(λ_{Y1}=0.452), 내부프로세스관점의 성과(λ_{Y3}=0.607), 학습 및 혁신 성과(λ_{Y4}=0.607) 변수 사이의 경로계수는 99.7%신뢰수준($t \geq 3.000$)에서 유의하다. 그러나 소프트웨어 벤처기업의 종합 성과와 재무성과변수 사이의 경로계수(λ_{Y2}=0.065)는 t값이 낮아 통계적으로 유의하지 못한 것으로 나타났기 때문에, 본 연구모형에서 설정된 성과요인들이 설명하는 기업의 종합적 성과는 재무관점의 성과를 측정 및 설명하지 못하는 것으로 나타났다.

다음 〈그림 6-2〉는 위의 결과를 요약하여 표시한 것으로서 인과분석 결과, 6개의 유의한 성과요인들을 그 경로계수와 함께 나타낸 경로도형(path diagram)이다.

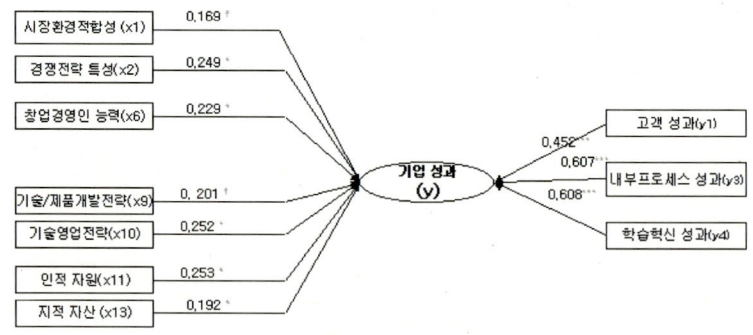

〈그림 6-2〉 인과적 영향을 미치는 성과요인과 기업성과 간 경로도

9) t값에서 신뢰수준 0.90의 임계치(유의수준0.10)는 t의 절대값 1.645, 신뢰수준 0.95(유의수준 0.05)는 절대값 1.960, 신뢰수준0.99(유의수준 0.01)는 절대값 2.576, 신뢰수준 0.9973(유의수준 0.0027)은 절대값 3.000임(조선배, 1996, p.117).

　다음 〈표 6-9〉에서와 같이 전체 모형의 결정계수인 구조방정식 전체의 다중상관자승치(SMC: squared multiple correlation)는 0.790으로 나타났는데, 이것은 회귀분석의 결정계수와 같은 의미로서 13개 성과요인이 소프트웨어 벤처기업의 종합성과에 대한 분산을 79.0% 이상 설명하고 있는 것으로 나타났다.

　또한 개별 성과변수에 대한 다중상관자승치를 살펴보면 우선 고객성과 (y1)의 57.4% 정도가 본 연구에서 제시된 13개 성과요인으로부터 설명되고 있으며 나머지 42.6%는 다른 요인들로부터 설명되고 있음을 나타낸다. 그리고 본 연구에서 제시된 13개 성과요인이 프로세스성과(y3)의 53.6%, 학습 및 혁신성과(y4)의 63.9%를 설명하고 있는 것으로 나타났으나, 다중상관자승치가 0.5%인 재무성과(y2)는 13개 성과요인이 거의 설명하지 못하는 것으로 나타났다.

〈표 6-9〉 구조방정식의 다중상관계수 자승치(SMC)

종합성과	SMC for Structural Equation			
	0.790			
	고객성과 (y1)	재무성과 (y2)	프로세스성과 (y3)	학습/혁신성과 (y4)
성과요인 변수	0.574	0.005	0.536	0.639

6.5.2. 성과요인과 재무적 성과 간의 관계

　전통적으로 기업의 성과측정에서 재무적 지표와 측정결과는 널리 사용되어 왔으나, 〈표 6-9〉에서 볼 수 있듯이 본 연구에서 제시한 13개 성과요인은 인과적인 재무성과에의 영향을 설명하지 못하고 있다.

　우선 그 이유로는 첫째, 재무성과에 관련된 수치를 벤처기업 입장에서 공표하기 꺼리는 경향이 있다. 본 연구에서 표본기업인 총 132개 중 재무

적 수치를 실제로 응답한 기업은 86개 업체로서, 이 표본 수는 13개 성과
요인 변수와 4개 성과변수를 포함하는 다양한 인과분석 모형의 검증을 불
가능하게 하는 원인이 될 뿐만 아니라 앞에서 검증된 연구모형에도 재무적
성과에 관련된 부분에 영향을 미쳤을 것이다.

또한 〈표 5-3〉 표본업체의 평균업력에서 볼 수 있듯이 132개 표본업체
의 평균업력은 4년이며, 창업 후 자사의 제품이 출시되는 단계에 이르기
위해서는 평균 3년이 소요되는 것으로 나타났다. 그러나 본 연구에서는 평
균 3개 년도의 매출액 성장률 등 재무성과를 측정하였는데, 이러한 재무수
치는 벤처기업에서 수행한 활발한 영업활동의 결과를 충분하게 측정했다고
할 수 없다.

따라서 본 연구에서 제시한 인과모형에 의한 성과요인의 재무성과와의
영향 정도를 분석하지 못한 이유로, 이하에서 추가분석으로서 상관분석
(correlation analysis)과 회귀분석(regression analysis)을 통해서 재무성과에
유의한 성과요인을 추가로 분석한다. 이하의 분석 결과는 재무수치를 응답
한 86개 업체만을 대상으로 한 분석 결과이다.

우선 13개 성과요인과 재무성과 사이의 상관분석 결과는 〈표 6-10〉에 나타
나 있는데, 통계적으로 유의한 관계를 갖는 변수로는 기업문화 특성(0.297*),
창업경영인 능력(0.258*), 기술영업전략(0.247*), 지적자산(0.217**) 등 4개
요인으로 밝혀졌으나 상관관계의 정도는 피어슨상관계수가 0.2 정도로 낮은
편이다.

〈표 6-10〉제 성과요인과 재무성과와의 상관분석 결과

(Pearson 계수, N=86)

성과요인 변수	재무성과	성과요인 변수	재무성과
시장환경의 적합성	0.114	기술 및 SW제품특성	0.018
경쟁전략 특성	-0.082	기술 및 제품개발전략	0.145
외부협력관계	0.112	기술영업전략	0.247*
환경변화 대응능력	-0.046	인적자원	0.040
조직 특성	-0.027	연구개발능력	0.042
창업경영인 능력	0.258*	지적자산	0.217**
기업문화	0.297*		

**Correlation is significant at the 0.01 level (2-tailed).
* Correlation is significant at the 0.05 level (2-tailed).

이 밖에 13개 성과요인과 재무성과 사이의 회귀분석 결과 통계적으로 유의한 상과요인만을 〈표 6-11〉에 나타냈다. 재무성과를 종속변수로 하고, 13개 성과요인 전체를 투입(enter)하는 방식의 선형회귀모형의 결정계수(R sqaure)는 0.307이며, 모형은 통계적으로 유의하였다(자유도=16, F=1.913, Sig=0.034). 개별 성과요인 중에서 통계적으로 재무성과에 유의한 영향력을 갖는 변수로는 기업문화 특성과 기술영업전략 등 2개 요인으로 밝혀졌다.

〈표 6-11〉제 성과요인과 재무성과와의 회귀분석 결과

성과요인	Unstandardized Coefficients	Std. Error	Standardized Coefficients	t	Sig.
기업문화	.167	.061	.308	2.740	.008
기술영업전략	.553	.209	.418	2.640	.010

6.5.3. 성과요인과 주관적 성과 간의 관계

성과평가(performance evaluation)를 위해 사용되는 측정도구(measurement tool)에서는 객관적이고 계량화된 지표와 척도에 의해 이루어지는 것이 바람직하다. 그러나 기업에 대한 일부의 실태조사를 제외하고는 실제의 평가에서 이러한 지표(index)와 척도(scale)만으로 된 도구를 개발하기 어렵다. 따라서 특히 학술적 연구에서는 대체로 인지된 성과와 주관적 성과를 중심으로 한 연구모형들이 제시되고 있다. 본 연구에서도 설문항목에서 기업의 재무적 수치정보를 응답자들이 정확히 모르거나 성과와 관련된 정보를 공개하기 어려운 경우 등에 부실한 응답이 발생할 것을 대비하여, 기업의 전반적인 성공 정도를 응답자가 주관적으로 평가하여 표현할 수 있는 이른바 주관적(subjective) 성과평가 문항을 포함시켰다.

제시된 주관적 성과평가문항은 『①해당기업은 타 기업에 비해서 이미 성공한 기업이다(s1), ②해당기업은 현재 우수한 성과를 내고 있다(s2), ③해당기업은 타 기업에 비해서 우수한 성공잠재력을 보유하고 있다(s3)』라는 3개 문항으로서 이들은 각각 과거, 현재, 미래지향적인 성과를 주관적으로 측정하기 위해 설정되었다. 각 문항별로 5점 척도로서 응답하게 하였으며, 〈표 6-10〉에서 주관적 성과종합(s)은 이들 3개 문항의 평균치(mean)로서,[10] 본 절에서는 응답업체의 주관적 성과평가 점수를 종합적 성과(주관적 종합성과)로서 고려하고, 이 종합성과와 본 연구에서의 제시된 바 있는 성과요인 변수와의 관계를 추가로 분석한다.

〈표 6-10〉은 주관적 성과(s1~s3) 및 종합성과(s)와 13개 성과요인 및 4개 성과영역의 변수 간 상관분석(correlation analysis) 결과를 나타낸 것이다. 일반적으로 상관분석 결과에서 피어슨(pearson)계수가 0.4 이상의 경우에는 변수 간에 상당한 상관관계가 있는 것으로 판단하는데, 분석 결과 피어슨 상관계수가 0.4 이상인 항목들이 많고, 또한 이 결과는 대체로 통계적으로 유의한 것으로 나타났다.

상관계수의 크기를 기준으로 보다 상세한 내용을 파악해보면, 먼저 기업의 성과종합(s)은 시장환경과의 적합성(0.48**), 창업경영인 능력(0.47**),

---

10) 표본기업의 응답 평균치는 s1=3.10(S.D=1.02), s2=3.45(S.D=0.96), s3=4.24(S.D=0.81) 그리고 주관적 성과종합(s)=3.60(S.D=0.74)으로 나타났음.

기업문화(0.47**), 인적자원(0.47**)과 관계가 있으며, 학습 및 혁신성과 (0.59**), 고객성과(0.54**) 그리고 내부프로세스성과(0.49**)와 각각 높은 관련이 있는 것으로 나타나서 대체로 본 연구의 인과관계 분석 결과와 유사한 결과를 보이고 있다.

특히 성과요인변수들과 재무관점의 성과와의 상관관계는 통계적 유의성이 나타나지 않았으며 계수 자체도 낮았다. 따라서 응답자들은 자신이 속해 있는 벤처기업의 종합적 성과(s)가 조직의 학습 및 혁신측면의 성과 (0.59**), 고객관점의 성과(0.54**) 그리고 내부프로세스 차원의 성과 (0.49**)와는 깊은 관련이 있는 것으로 인식하고 있으나, 반면에 재무적 성과(0.13)와의 관련성에서는 통계적 유의성이 없는 결과를 나타내서, 인과모형의 분석에서도 볼 수 있었듯이 벤처기업의 특수한 상황을 보여주고 있다.

이 밖에 과거시점의 주관적 성과를 측정하는 「이미 성공한 기업이다」라는 항목(s1)은 성과요인으로서 창업경영인의 능력(0.43**)과의 관계가 있으며, 성과에서는 고객성과(0.44**), 학습 및 혁신성과(0.41**)와 관계가 있음을 알 수 있다.

또한 현재시점의 주관적 성과를 측정하는 「현재 높은 성과를 내고 있다」라는 항목(s2)은 성과요인으로 시장환경과의 적합성(0.41**)과 관계가 있고, 성과에서는 고객성과(0.47**), 학습 및 혁신성과(0.45**)와 관계를 가진다. 그리고 미래지향적인 차원의 주관적 성과를 측정하는 「우수한 성공잠재력을 보유한다」라는 항목(s3)은 성과요인으로서 인적자원(0.46**), 기업문화 (0.46**), 조직특성(0.41**), 경쟁전략 특성(0.40**) 항목과 상관관계를 갖고 있는 것으로 나타나고 있다.

〈표 6-12〉제 성과요인과 주관적성과와의 상관분석 결과

Pearson 계수, N=132	이미 성공한 기업이다(s1)	현재 우수한 성과를 낸다(s2)	우수한 성공잠재력을 보유한다(s3)	주관적 성과종합(s)
시장환경의 적합성	0.39**	0.41**	0.32**	0.48**
경쟁전략 특성	0.20*	0.27**	0.40**	0.35**
외부협력관계	0.19*	0.14	0.09	0.18*
환경변화 대응능력	0.29**	0.28**	0.33**	0.38**
조직 특성	0.11	0.16	0.41**	0.27**
창업경영인 능력	0.43**	0.34**	0.35**	0.47**
기업문화	0.31**	0.37**	0.46**	0.47**
기술 및 SW제품특성	0.21*	0.17*	0.24**	0.26**
기술 및 제품개발전략	0.33**	0.36**	0.31**	0.42**
기술영업전략	0.30**	0.25**	0.37**	0.38**
인적자원	0.37**	0.31**	0.46**	0.47**
연구개발능력	0.04	0.07	0.33**	0.17
지적자산	0.22*	0.23**	0.28**	0.30**
고객 성과	0.44**	0.47**	0.36**	0.54**
재무 성과	0.14	0.06	0.12	0.13
내부프로세스 성과	0.34**	0.37**	0.47**	0.49**
학습 및 혁신성과	0.41**	0.45**	0.55**	0.59**
s1	1	0.72**	0.21*	0.85**
s2	0.72**	1	0.34**	0.89**
s3	0.21*	0.34**	1	0.61**
주관적성과종합(s)	0.85**	0.89**	0.61**	1

**Correlation is significant at the 0.01 level (2-tailed).

* Correlation is significant at the 0.05 level (2-tailed).

제7장 결 론

7.1. 연구내용 종합

본 연구에서는 소프트웨어 벤처기업의 성과에 영향을 미치는 제 성과요인을 광범위한 수준에서 규명하기 위해 먼저 성과원인 영역에 대해서는 기업경영의 원천 영역인 비즈니스(Business)와 기술(Technology)차원, 그리고 외부지향의 전략(Strategy)과 내부지향의 자원(Resource)차원의 분석 프레임웍(framework)을 통해서 13개 성과요인을 도출하였으며, 이에 관련된 측정문항 87개가 제시되었다. 또한 성과의 결과영역에서는 기존의 연구에서 대표적으로 사용되어온 재무성과에 균형점수기법(BSC)에서 적용되는 고객성과, 내부프로세스성과, 학습 및 혁신성과 등 4개 차원의 종합성과를 30개 문항으로 측정하였다. 측정도구로서의 타당성 검증은 SPSS를 이용하여 신뢰성분석 및 요인분석을 수행하였으며, 성과요인 변수와 성과변수 사이의 인과적 관계는 리스렐(LISREL)에 의한 공분산구조 분석에 의해 수행하였다.

중소기업청에 벤처기업으로 등록된 국내의 132개 소프트웨어 벤처기업에서 수집된 자료를 실증분석한 결과, 본 연구에서 제시된 13개의 성과요인 중에 소프트웨어 벤처기업의 성과에 인과적 영향을 미치는 것으로 검증된 요인은 시장환경과의 적합성, 경쟁전략 특성, 창업경영인 능력, 기술 및 제품개발전략, 기술영업전략, 인적자원, 지적자산 요인 등 7개 요인이었으며, 기타 외부협력관계, 환경변화에 대한 대응능력, 조직 특성, 기업문화, 기술 및 소프트웨어 제품특성, 연구개발능력 등 6개 성과요인이 성과에 미치는 인과적 영향은 실증되지 않았다. 이 결과는 응답자의 해당기업에 대한 주관적 성과를 측정하여 성과요인과의 상관관계를 분석한 결과 시장환경과의 적합성, 창업경영인 능력, 기업문화, 인적자원과 관계가 있는 것으로 나타나서 대체로 본 연구의 인과관계 분석 결과와 유사한 결과를 보이고 있다.

또한 본 연구에서 제시된 성과요인들 중에서 인과적 영향력의 강도를 의미하는 리스렐의 경로계수 크기를 기준으로 볼 때 인적자원(0.253), 기술영업전략(0.252), 경쟁전략 특성(0.249), 창업경영인 능력(0.229), 기술 및 제품 개발전략(0.201), 지적 자산(0.192), 시장환경의 적합성(0.169)의 차례로 소프트웨어 벤처기업의 성과에 많은 영향을 미치는 것으로 밝혀졌다.

그리고 13개 성과요인들이 소프트웨어 벤처기업의 종합성과에 미치는 영향을 분석한 결과 균형점수 기법에서 제시된 4가지 차원의 성과 즉 내부 프로세스성과, 학습 및 혁신성과, 고객성과 순서로 종합성과에 영향을 미치는 것으로 나타났으나, 재무성과는 일반적으로 기업의 성과 척도로서 많은 연구에서 적용하고 있음에도 불구하고 본 연구에서 제시된 성과요인이 재무성과에 미치는 인과적 영향은 확인할 수 없었다. 이러한 결과는 응답자들의 주관적 성과와도 유사한 결과를 보였다.

추가분석에서 재무수치를 응답한 86개 업체만을 대상으로 한 분석 결과, 13개 성과요인과 재무성과 사이의 상관분석 결과를 보면 기업문화 특성, 창업경영인 능력, 기술영업전략, 지적자산 등 4개 요인으로서 상관관계의 정도는 피어슨상관계수가 0.2 정도로 낮은 편이었다. 또한 이 업체를 대상으로 한 회귀분석 결과에서는 기업문화 특성과 기술영업전략 특성이 13개 성과요인이 재무성과 사이에 관계를 갖고 있는 것으로 나타났다.

본 연구에서 적용된 인과 모형의 결정계수 즉 구조방정식 전체의 다중 상관자승치(SMC; squared multiple correlation)는 0.790으로 나타났으며, 이것은 회귀분석의 결정계수와 같은 의미로서 13개 성과요인이 소프트웨어 벤처기업의 종합성과에 대한 분산을 79.0% 이상 설명하고 있는 것으로 나타났다.

7.2. 연구의 시사점과 한계

본 연구결과가 제공하는 주요 시사점과 연구에서 내포하고 있는 한계점을 이론적 연구관점과 소프트웨어 벤처기업을 위한 실무차원으로 나누어 기술하면 다음과 같다.

7.2.1. 연구관점의 시사점

본 연구와 유사한 맥락에서 이론적 연구를 수행하는 경우에 참조될 수 있는 주요 시사점중의 하나는 평가틀(framework)과 관련된 것이다. 흔히 기업단위나 또는 조직단위, 그리고 사업단위의 성과 측정(performance measurement) 및 성과평가(performance evaluation) 연구에서 흔히 사용되는 평가틀은 평가요인의 영역을 설정하는데 예를 들면 입력-과정-결과 차원이나, 내부-외부 차원 등의 평가틀이 적용된다. 본 연구에서는 벤처기업의 성과요인으로 기업경영의 원천영역인 비즈니스(Business)와 기술(Technology), 그리고 외부지향의 전략(Strategy)과 내부지향의 자원(Resource)을 분석 프레임웍(framework)으로 출발하여 시장환경과의 적합성 등 13개 성과요인들이 도출되었으며, 이들은 비즈니스전략(Business Strategy), 비즈니스자원(Business Resource), 기술전략(Technology Strategy), 기술자원(Technology Resource) 등과 같은 4개 성과원인 영역으로 유형화될 수 있다는 개념을 내포하고 있었다. 그러나 이에 기반한 연구모형 후보의 적합도가 낮아서 배제됨으로써, 13개 성과요인과 4개 성과요인영역의 관계는 성립하지 않는 것으로 나타났다. 이것은 소프트웨어 벤처기업의 작은 영역의 성과요인이 서로 결합된 상태를 의미하는 전략이나 자원의 개념에서 기업의 성과에 인과적으로 작용하기보다는 단일개념의 일부 성과요인들이 종합적인 성과에 인과적 영향을 미친다고 볼 수 있다. 따라서 관련 연구에서 이와 같은 다양한 평가틀이 제시되고 평가 영역에 검증될 필요가 있다.

둘째, 성과요인과 성과 사이의 관계를 규명하는 다양한 인과모형이 검증될 필요가 있다. 본 연구에서는 13개 성과요인 변수들이 기업의 성과변수에 영향을 미친다는 가정하에 4개 인과모형을 설정하여 구조방정식에 의한 검증을 시도하였다. 이를 통해 성과에 유의한 인과적 영향을 미치는 7개 성과요인 변수를 도출하였는데, 이와 같은 다양한 성과요인에 대한 인과모형이 수립되고 이들이 실증되어야 한다. 특히 연구에서 도출되는 성과요인들은 기업성과와 관계있는 핵심프로세스와 연계되는 과정지표들로 정립되는 것이 바람직하다. 왜냐하면 기업성과는 재무지표와 같이 결과지표만이 아니라 결과지표에 영향을 미치는 동인(drivers)들을 제시함으로써, 해당 조직 구성원들의 행태(behaviors)변화를 자연스럽게 유도하는 과정지표가 더 바람직하다기 때문이다.

셋째, 성과측정 및 평가 관련 연구에서 인과적 영향요인으로 검증된 지표들이 결합하여 평가시스템으로 발전될 필요가 있다. 특히 평가시스템으로 정착되기 위해서는 지표 항목들이 계량화 및 객관적인 척도에 의해 측정될 수 있어야 한다. 본 연구에서 제시된 성과요인들은 주로 주관적 문항에 의해 측정된 항목들로서, 성과에 유의한 성과요인이라 할지라도 이들이 외부 평가자에 의해 평가될 수 없는 제약이 있다. 따라서 해당 요인들에 대한 계량화된 측정지표가 개발되어야 하며, 항목들의 상대적 중요도를 나타내는 항목별 가중치에 대한 연구도 필요하다.

7.2.2. 실무차원의 시사점

소프트웨어 벤처기업의 성과에 인과적 영향을 미치는 것으로 검증된 요인을 경로계수의 크기를 기준으로 할 때, 소프트웨어 벤처기업에서 기업의 성과를 극대화하기 위해서 첫째되는 요인은 인적자원의 능력요인으로 나타났다. 이것은 소프트웨어 벤처기업에서 우수한 성과를 나타내기 위해서는 구성원들이 가지는 업무수행 능력의 정도, 핵심 업무관련 지식 및 학습내용의 이해 정도, 핵심 기술/제품 관련 전문인력의 매핑이 적절한 정도 등 인적자원의 능력이 경쟁기업에 비교할 때 상대적으로 우수한 자원으로 구성되어야 함을 의미한다.

다음으로 중요한 성과요인은 기술영업 능력수준으로서 소프트웨어기능의 추가 및 하자처리를 완벽하게 수행해야 하며, 충실한 사용자교육, 영업 및 개발의 긴밀한 대응, 제품공급망 및 협력관계를 통한 영업능력의 확보, 현장에서의 철저한 아이디어 수집 및 평가체계, 철저한 사업성 분석 및 시험마케팅 등이 고려되어야 한다. 그리고 경쟁전략의 특성에서의 우위를 확보하기 위해서 가격우위 전략, 집중화전략, 다양화전략, 그리고 제품 및 서비스 우위 전략 등에서 벤처기업의 성과를 높이는 측면에서도 더욱 부각되어야 할 요인임이 밝혀졌다. 다음으로 창업경영인 능력, 기술 및 제품 개발전략, 지적자산, 시장환경의 적합성 요인 등이 중요한 순서로 나타나고 있다.

이 밖에 외부협력관계, 환경변화에 대한 대응능력, 조직 특성, 기업문화, 기술 및 소프트웨어 제품특성, 연구개발능력 등 6개 성과요인이 통계적 유의성이 낮아 성과에 미치는 인과적 영향이 실증되지 않았는데, 이러한 결과가 나타난 이유로서는 제시된 성과요인들이 대체로 국내외의 기존 연구 및 성과평가 사례분석에서 탐색적 연구에 적용된 요인들로서, 세부 평가항목들에 대한 근거가 일반화되기에는 아직 부족한 실정으로 이를 보완하기 위해서는 해당 항목들에 대한 심층적 실증연구가 필요하다.

특히 본 연구에서는 다양한 영역별로 전문성 있는 다수의 설문문항이 제시된 반면, 응답업체들은 대체로 그 규모가 영세하고 구성인력이 여러 가지 업무를 겸직하고 있어서 연구에서 제시한 해당 요인들의 고유한 특성이 심도 있게 이해되지 않은 상태에서 응답한 측면이 있고, 또한 표본으로 선정된 기업이 집단을 일반적으로 대표하지 못하는 왜곡현상이 내포되어 있을 것이다.

이 밖에도 재무성과, 학습 및 혁신성과, 내부프로세스성과, 고객성과 등 균형점수기법의 4가지 성과영역으로 이루어지는 종합성과에 대한 분석에서, 제시된 성과요인들이 미치는 재무성과와 관련된 영향을 파악하기 어려웠는데 이것은 국내의 벤처기업에서 초기제품을 상용화하기까지 평균 3년이 걸리며, 본 연구의 설문에 응답한 132개 업체 중 51.6%에 해당하는 67개 업체가 아직 초기제품단계에 머무르고 있어, 이들 업체의 재무성과는 소프트웨어 벤처기업의 본원적인 제품개발에 의한 성과가 나타나기 이전 단계의 매출로 볼 수 있는 점, 그리고 재무지표에 대해서 다수 응답업체에서 수치를 공표하지 않고 있거나, 정보제공을 기피하고 있는 점에 기인하는 점과 더불어 당연한 결과로 받아들여야 할 것이다. 재무관점의 성과와는 통계적 유의성이 나타나지 않았으며 상관계수도 낮았다. 특히 주관적 성과측정 결과에서도 응답자들은 자신이 속해있는 벤처기업의 종합적 성과가 조직의 학습 및 혁신측면의 성과, 고객관점의 성과 그리고 내부프로세스 차원의 성과와는 깊은 관련이 있는 것으로 인식하고 있으나, 반면에 재무적 성과와의 관련성을 인식하지 않고 있어 일치된 결과를 얻을 수 있었다. 따라서 정부기관 및 소프트웨어 벤처기업 지원기관에서는 현 단계에서 지원대상 업체 선정 및 정책수립시 전적으로 벤처기업의 재무지표를 고려하기보다는 본 연구결과에서 인과적으로 유의한 영향력을 갖는 것으로 제시된 성과요인들을 고려할 필요가 있다.

　기타 향후에 수행되어야 할 연구과제로는 벤처기업에서 취급하는 소프트웨어 제품의 유형에 따른 성과요인의 분석, 또는 개별 벤처기업의 성장단계가 다르기 때문에 이들을 몇 개의 집단으로 분류하여 별개의 도구에 의해 평가하거나, 성과요인 사이에 관련성까지를 고려한 인과적 영향분석 등을 위해 더 많은 표본을 대상으로 한 실증연구가 필요할 것이다.

▌참고문헌

강병서(1999), **인과분석을 위한 연구방법론**, 무역경영사.

강신헌(1999), **벤처기업의 지식경영:** 연구개발부문을 중심으로, 연세대학교 석사학위논문.

기술신용보증기금(1999), **사업성 및 기술성 평가표.**

김인수, 이진주(1982), **기술혁신의 과정과 정책.** 한국개발연구원.

김재형(1997), **시장특성, 제품특성, 진입전략이 신제품성과에 미치는 영향에 관한 연구**, 한국과학기술원. 박사학위논문.

김철(1993), **우리나라 기술집약형 중소기업의 기업유형별 특성과 성과**, 한국과학기술원, 석사학위논문.

김현수(1999), **정보시스템 진단과 감리**, 법영사.

김현수, 안연식, 김동수(2005), **프로젝트관리**, 전자신문사.

김홍범(1987), **신제품의 시장성과 및 결정요인**, 한국과학기술원 박사학위논문.

김희경, 성은숙(2001), **BSC 실천매뉴얼**, SIGMA Insight.

박종오(1999a), 기술거래 확산을 위한 개별기술평가 모델구상, **과학기술정책(STEPI)**, 62-78.

박종오(1999b), 기술가치 평가방법론(기술가치평가 및 기술이전 워크샵 자료), ITA **부설 정보통신기술이전센터**, 3-42.

배종태(1984), **중소기업의 기술발전과 기술능력에 관한 연구**, 과학기술원 석사학위논문.

산업자원부(1997), **벤처기업의 현황과 발전방향.**

서창적, 윤영진(2000), **기업성과에 대한 혁신성의 영향과 성과 척도 간의 관계에 관한 연구.**

안연식(2001), **소프트웨어 벤처기업의 성과평가 연구**, 정보통신연구진흥원, 정보통신학술연구과제(자유연구 00-07)연구보고서.

우카쿠 히데키(1997), **기업생존력 분석·평가 매뉴얼**(김승평 · 양승경 역), 21세기북스.

이명호, 박진석(2001), 우리나라 IT기업의 부실예측에 관한 실증분석, **정보통신정책연구**, 8(1), 89-104.

이영덕(1999), **정보통신창업의 활성화 방안**, 충남대학교 경상대학.

이장우, 이민화(1994), **한국기업경영**, 김영사.

이장우(1996), 중소기업의 대 대기업 경쟁전략, **경영학연구**, 25(1), 245-305.

이장우, 장수덕(1996), **벤처기업의 성공요인에 관한 이론적 고찰**, 경북대.

이장우(1997), **공동체적 문화와 전략경영**, 한국전략경영학회, 창립학술발표대회 논문집.

이정원(1994), **소프트웨어산업의 전략유형별 기술혁신특성 및 성과에 관한 연구**, 한국과학기술원 박사학위논문.

조남재 외 3인(1997), 소프트웨어 산업의 경쟁력 분석 프레임워크와 정부의 역할에 대한 연구, **경영연구**, 제7권, 221-239.

조선배(1996), **LISREL 구조방정식 모델**, 영지문화사.

조형래(1995), **벤처기업인의 특성, 제품혁신성과 벤처기업 성과 간의 상황적 관계**, 한국과학기술원 박사학위논문.

중소기업청(1998), **중소기업 기술경쟁력 평가지표**, 신기술창업지원단.

중소기업청(1999), **중소기업 기술경쟁력 평가**(배포용 및 S/W 업체평가 평가·배포용).

토마스(Thomas), E.(1999), **지식주도기업의 특징과 지식진단**, 기업평가.

캐플런 & 노턴, (1999), **가치실현을 위한 통합경영지표 BSC**, 송경근 외 역, 한언.

피터드러거(1999), **성과측정**: HBR 시리즈4, 현대경제연구원 역, 21세기북스.

한만중(1997), **통합성과지표에 의한 전략적 성과측정시스템 연구**, 한국생산성본부.

한상설(1999), **벤처전략, 산업구조 및 기업가 특성이 벤처성과에 미치는 영향**, 단국대학교 박사학위논문.

Abell, D. F. (1980), *Defining the Business: the Starting Point of Strategic Planning*, Englewood Cliffs: Prentice-Hall.

Abetti, P. A. & R. W. Stuart (1987), "Product Newness and Market Advantage," *High Technology Mraket Review*, 1(2).

Abetti, P. A. (1997), "the Birth and Growth of Thosiba's Laptop and Notebook Computers: A Case Study in Japanese Corporate Venturing," *Journal of Business Venturing*, 12, 507-529.

Aldrich, H. (1979), *Organizations and environments*. Englewood Cliffs, NJ: Prentice Hall.

Bach, James (1994), The Immaturity of the CMM, *American Programmer*, Vol.7, No.9, pp.13-18.

Bachher, J. S. and P. D. Guild (1996), Financing Early Stage Technology Based Companies: Investment Criteria Used by Investors, *Frontiers of Entrepreneurship Research*, 363-376.

Baldridge, J. V. & R. A. Burnham (1975), "Organizational Innovation: Individual, Organizational and Environmental Impacts," *Administrative Science Quarterly*, 20, 165-176.

Bamford, C. E., Dean, T. and P. P. McDougall (1996), "Initial Founding Conditions and New Firm Performance: a Longitudinal Study Integrating Productions from Multiple Perspectives", *Frontiers of Entrepreneurship Research*, 465-479.

Barney, J. R. (1991), "Firm Resources and Sustained Competitive Advantage," *Journal of Management*, 17, 29-120.

Barney, J. R. (1992), "Integrating Organizational Behavior and Strategy Formulation Research: A Resource-based Analysis," *Advances in Strategic Management*, 8, 39-61.

Baum, J. R. (1995), "The Relation of Traits, Competencies, Motivation, Strategy and Structure to Venture Growth", *Frontiers of Entrepreneurship Research*, 547-561.

Baum, J. R. (1994), *the Relation of Traits, Competencies, Motivation, Strategy and Structure to Venture Growth*, Univ. of Maryland College Park.

Begley, T. M. & D. P. Boyd (1987), "Psychological Characteristics Associated with Performance in Entrepreneurial Firms and Small Business", *Journal of Business Venturing*, 7.

Bell, C. G. (1996), *High-Tech Venture*: the Guide for Entrepreneurial Success,

174

Addison Wesley.

Berman, S. L., Wicks, A. C., Kotha, S. and T. M. Jones (1999), Does Stakeholder Orientation Matter? the Relationship between Stakeholder Management Models and Firm Financial Performance, *Academy of Management Journal, 42*, 488-506.

Birley, S. & D Norburn (1987), "Owner and Manager: the Venture 100 vs. the Fortune 500", *Journal of Business Venturing, 2*.

Bollinger T and C. McGowan (1991), A Critical Look at Software Capability Evaluations, *IEEE Software*, Vol.8, No.4, pp.25-41.

Bollinger, L., Hope, K. & J. M. Utterbak(1983), "A Review of Literature and Hypotheses on New Technology Based Firms," *Research Policy, 12*, 1-14.

Bowen, D. D. & R. D. Hisrich(1986), "The Female Entrepreneur: A Career Development Perspectives," *Academy of Management Review, 11*, 393-407.

Brodman, J. G. & D. L. Johnson (1994), "What small business and small organizations say about the CMM", *IEEE Computer Society Press*, 331-340.

Brooking A. & E. Motta (1996), *A Taxonomy of Intellectual Capital and a Methodology for Auditing It*, 17th Annual National Conference, 24-26, Canada.

Brooks, F. P.(1987), No Silver Bullet-Essence and Accidents of Software Engineering, *Computer*, 20(4), 10-19.

Carter, N. M., T. M. Stearns, P. D. Reynolds & B. A. Miller (1994), "New Venture Strategies: Theory Development with an Empirical Base", *Strategic Management Journal, 15*, 21-41.

Chandler, G. N. & E. Jansen (1992), "The Founder's Self-Accessed Competence and Venture Performance," *Journal of Business Venturing, 7*, 223-236.

Chandler, G. N. & Hanks, S. H.(1994), Founder competence, the environment, and venture performance. *Entrepreneurship theory and Practice, 18(3)*, 77-89.

Chrisman, J. J., A. Bauerschmidt & C. W. Hofer(1998), "The Determinants of New Venture Performance: An Extended Model," *Entrepreneurship Theory and Practice*, 3, 5-29.

Chrisman, J. J., C. W. Hofer & W. R. Boulton (1988), "Toward a System for Classifying Business Strategies," *Academy of Management Review*, 13(3).

Coallier, F., McKenzie R., Wilson J. and Hatz J. (1994), TRILLIUM Model for Telecom Product Development & Support Capability, Release 3.0, Internet Edition, Bell Canada.

Coallier, F. (2001), TRILLIUM: a Model for the Assessment of Telecom Product Development & Support Capability in Software Process Improvement edited by Hunter, R. B. & R. H. Thayer; *IEEE Computer Society*, p. 109-118.

Cooper, A. C. & F. J. Gascon (1992), *Entrepreneurs, Process of Funding and New Firm Performance*, In D. Sexton and J. Kasarda, eds., The State of the Art in Entrepreneurship, Boston, MA: PWS Kent Publishing Company.

Cooper, A. C. & F. J. Gascon (1995), "Entrepreneurs, Processes of Founding and New-Firm Performance". In D. L. Sexton and J. D. Kasarda(Eds.) *The state of the art of entrepreneurship*: 301-324, PWS-KENT, MC: Boston.

Cooper, A. C. & W. C. Dunkleberg (1987), "Entrepreneurial Research: Old Questions, New Ansers and Methodological Issues," *American Journal of Small Business*: 11(3).

Cooper, A. C. (1986), "Entrepreneurship and High Technology," In D. L. Sexton & R. W. Smilor(Eds.), *The art and science of entrepreneurship*: 153-168, Cambridge, MA: Ballinger.

Cooper, A. C., G. E. Willard, G. Y. Woo (1994), Strategies of High Performance New and Small Firms: A Reexamination of the Niche Concept, *Journal of Business Venturing*, 1, 247-260.

Cooper, R. G. (1979), "the Dimensions of Industrial New Product Success and Failure", *Journal of Marketing*, 93-103.

Covin, J. G. & Slevin, D. P. (1989), Strategic Management of Small firms in Hostile and Benign Environments, *Strategic Management Journal*, 10(1), 75-87.

Covin, J. G. & Slevin, D. P. (1991), A conceptual model of entrepreneurship as firm behavior. *Entrepreneurship Theory and Practice*, 16(1), 7-25.

Covin, J. G. & Slevin, T. J. (1990), Competitive aggressiveness, environmental context, and small firm performance. *Entrepreneurship Theory & Practice*, 14(4), 35-50.

Curtis, Bill (1995), A Mature Look at Maturity Assessment, Conference on the Application of Software Measurement.

Deal, T., A. A. Kennedy (1982), *Corporate Culture:* The Rites and Rituals of Corporate Life, Readings, Mass., Addison-Wesley publishing Co.

Dess, G. G. & D. W. Beard. (1984), "Dimensions of organizational task environments," *Administrative Science Quarterly*, 29, 52-73.

Dill, W. R. (1958), "Environment as an influence on managerial autonomy," *Administrative Science Quarterly*, 2, 409-443.

DOE (1998), *Balanced Scored*: Performance Measurement and Performance Measurement System for Federal Procurement.

Duchesmeau, D. A. & W. B. Gartner (1990), A Profile of New Venture Success and Failure in an Emerging Industry, *Journal of Business Venturing*, 5, 297-312.

Duncan, R. B. (1972), "Characteristics of Organizational Environments and Environmental Uncertainty," *Administrative Science Quarterly*, 17(3), 313-327.

Dvir, D & A. Shenhar (1992), "Measuring the Success of Technology of Based Strategic Business Units", *Engineering Management Journal*.

Edvinsson, Leif & M. S. Malone (1997), *Intellectual Capital*.

Feeser, H. R. and E. Willard (1989), Incubators and Performance: A Comparison of High- and Low-Growth High-tech Firms, *Strategic Management Journal*, 11, 87-98.

Gartner, W. (1985), "The Conceptual Framework for Describing the Phenomenon of New Venture Creation," *Academy of Management Review*, 10, 696-706.

Gasse, Y. (1982), *Commentary Elaboration*: Elaborations on the Psychology of the Entrepreneur, Prentice-Hall, 58-71.

GSA(General Services Administration), (1997), *Performance-Based Management*: Eight Steps to Develop and Use Information Technology Performance Measures Effectively.

Hage, J. & M. Aiken (1970), *Social Change in Complex Organizations*, New York: Random House.

Hagedoorn, J and J. Schakenraad (1994), the Effect of Strategic Technology Alliances on Company Performance, *Strategic Management Journal*, 15, 291-309.

Harrigan, K. R. (1986), *Gurrilla Strategies for Underdog Competitors*, Planning Review, Nov.

Hasse, V, R. Messnarz, G. Kock (1994), "Bootstrap: Fine-Tuning Process Assessment", *IEEE Software*, 11(4), 25-35.

Herron, L. & R. B. Robinson, Jr. (1993), "A Structural Model of the Effects of Entrepreneurial Characteristics on Venture Performance", *Journal of Business Venturing*, 8, 281-294.

Hofer, C. D. & D. E. Schendel (1978), *Strategic Formulation*: Analytical Concepts, West Pub. Co., 5-12.

Humphrey, Watts S. and Bill Curtis (1991), Comments on 'A Critical Look', *IEEE Software*, Vol.8, No.4, pp.42-46.

Ibrahim, A. B. & J. R. Goodwin (1986), "Perceived Causes of Success in Small Business", *American Journal of Small Business*, Fall.

Jones, Capers (1995), The SEI's CMM-Flawed?, *Software Development*, Vol.3, No.3, pp.41-48.

Joshi, K. (1989), "The Measurement of Fairness or Equity Perceptions of Management Information Systems Users," *MIS Quarterly*, 13(3), September

1989, 343-358.

Kaplan, R. S., D. P. Norton (1992), "The Balanced Scorecard Measures that Drive Performance," *Harvard Business Review*, 1, 71-79.

Kaplan, R. S., D. P. Norton (1993), "Putting the Balanced Scorecard to Work," *Harvard Business Review*, 5, 134-147.

Kaplan, R. S., D. P. Norton (1996), "Using the Balanced Scored as a Strategic Management System," *Harvard Business Review*, 1, 75-85.

Katobe, M & S. K. Swan (1995), "The Role of Strategic Alliances in High-Technology New Product Development", *Strategic Management Journal*, 16, 621-636.

Kazanjian, R. K. and Robert Drazin (1990), "A Stage-Contingent Model of Design and Growth for Technology Based New Ventures", *Journal of Business Venturing*, 5.

Keeley, R. H. & J. B. Roure (1990), Management Strategy and Industry Structure as Influences on the Success of New Firms: A Structural Model, *Management Science*, 36, 1256-1267.

Kent, C. A. (1984), *The environment for entrepreneurship*, Lexington, MA.

Kim, Y. (1993), "Determinants of Technology Innovation in the Small Firms of Korea," *R&D Management*, 23(3), 215-224.

Koch, G. R. (1993), "Process Assessment: the BOOTSTRAP Approach", *Information and Software Technology*, 35, 387-403.

Kunkel, S. W. (1991), *The Impact of Strategy and Industry Structure on New Venture Performance*, Doctorial Dissertation, Univ. of Georgia.

Kuvaja, P.(2001), BOOTSTRAP 3.0- a SPICE Conformant Software Process Assessment Methodology in Software Process Improvement, edited by Hunter, R. B. & R. H. Thayer: *IEEE Computer Society*, p. 95-107.

Lafuente, A. and V. Salas (1989), Types of Entrepreneurs and firms: the Case of new Spanish firms, *Strategic Management Journal*, 10, 17-30.

Lawrence, P. R. & J. W. Lorsch (1969), *Organization and Environment*, Homewood, IL: Irwin.

Lumpkin, G. T. & Dess, G. Gl (1996). Clarifying the entrepreneurial orientation construct and linking it to performance. *Academy of Management Review*, 21(1), 135-172.

MacMillan, I. C., Zemann, L. & P. N. Subbanatasimha (1987). Criteria distinguishing successful from unsuccessful ventures in the venture screening process. *Journal of Business Venturing*, 2, 123-137.

McDougall, P. P., G. Covin, R. B. Robinson, L. Harron (1994), "The Effects of Industry Growth and Strategies Breadth on New Venture Performance and Strategy Content," *Strategic Management Journal*, 15, 537-554.

McDougall, P. P., R. B. Robinson, A. S. DeNisi (1992), "Modeling New Venture Performance: An Analysis of New Venture Strategy, Industry Structure and Venture Origin", *Journal of Business Venturing*, 7, 267-289.

McDougall, P. P., R. B. Robinson, Jr. (1990), "New Venture Strategies: An Empirical Identification of eight archetypes of Competitive Strategies for entry", *Strategic Management Journal*, 11, 447-467.

Meyer, M. H. & J. M. Utterback (1995), Product Development Cycle Time and Commercial Success, *IEEE TOEM*, 42(4), 297-304.

Miller, A. & B. Camp (1985), Exploring Determinants of Success in Corporate Ventures, *Journal of Business Venturing*, 1.

Miller, D. & P. H. Friesen (1982), Innovation in conservative and entrepreneurial firms: Two models of strategic momentum. *Strategic Management Journal*, 3, 1-25.

Miller, D. (1991), Generalists and Specialists: Two Business Strategies and their types of Firms, *Management Science*, 29, 770-791.

Miller, D., K. M. de Vries & J. M. Toulouse (1982), "Top Executive Locus of Control and its Relationship to Strategy-Making, Structure and Environment," *Academy of Management Journal*, 25.

National Technology Transfer Center (1997), "*Project Originator Questionnaire & Assessing the Assessor: My Gut Feeling on a Scale of 0-10*," NTTC & Wheeling College.

Newing, R. (1994), "Benefits of a Balanced Scorecard," *Accountancy*, Nov.

O'Connell, Emilie and Hossein Saiedian (2000), Can You Trust Software Capability Evaluations?, *IEEE Computer*, Vol.33, No.2, pp.28-35.

Park, W. R. & J. B. Mailie (1982), "*Strategic Analysis for Venture Evaluation: the SAVE Approach to Business Decision*", Van Nostrand Reinhold Co.

Paulk, M. C. (1995), "How ISO9001 Compares with the CMM", *IEEE Software*, 12(1), 74-83.

Paulk, Mark C. (2001), Models and Standards for Software Process Assessment and Improvement in Software Process Improvement, edited by Robin B. Hunter and R. H. thayer, *IEEE Computer Society*, pp.5-38.

Peteraf, J. (1994), *Competitive Advantage Through People*, Boston: Harvard Business School Press.

Peters, J., H. R. Waterman (1982), *In Search of Excellence*, New York, Haper and Row Publisher.

Pihlava, Sakari (1996), "*A Process Improvement Experience in Small PC Software Companies*", Master's Thesis in Helsinki Univ. of Technology.

Porter, M. E. (1985), *Competitive Advantage*, Free Press, New York.

Pugh, D. S., et al. (1968), "Dimensions of Organization Structure," *Administrative Science Quarterly*, 13, 65-105.

Randolph, W. A., Sapienza, H. J. & Watson, M. A. (1991), Technology-structure fit and performance in small businesses: An examination of the moderating effects of organizational states. *Entrepreneurship Theory & Practice*, 16(1), 27-41.

Raynus J. (1999), Software process Improvement with CMM, Artech House.

Reimann, B. C. (1974), "Dimensions of Structure in Effective Organizations: Some Empirical Evidence," *Academy of Management Journal*, 17, 693-708.

Roberts, E. B. (1971), "Some Characteristics of Technical Entrepreneurs," *IEEE Transactions on Engineering Management*, 18(3).

Romanelli, E. (1989), "Environments and Strategies of Organization Startup: Effects on Early Survival," *Administrative Science Quarterly*, 34, 369-387.

Roure J. B. & M. A. Madique 1986), "Linking Prefunding Factors and

High-Technology Venture Success: an Exploratory Study", *Journal of Business Venturing*, 1, 295-306.

Rugg, D. (1993), "Using Capability Evaluation to Select a Contractor", *IEEE Software*, 10(4), 35-45.

Ruhnka, J. C. & J. E. Young 1987), "A Venture Capital Model of the Development Process for New Ventures," *Journal of Business Venturing*, 2.

Saiedian, Hossein and R. Kuzara 1995), SEI Capability Model's Impact on Contractors, *IEEE Computer*, Vol.28, No.1, pp.16-26.

Sandberg, W. R. & C. W. Hofer 1987), Improving New Venture Performance: The Role of Strategy, Industry Structure and the Entrepreneur, *Journal of Business Venturing*, 2, 5-28.

Sapienza, H., Smith, K., & M. Gannon(1988), Using Subjective Evaluations of Organization Performance in Small Business Research, *American Journal of Small Business*, 12(2).

Scherer, F. M. (1980), *Industrial Market Structure and Economic Performance*, Chicago: Rand McNally.

Sexton, D. & N. Bowman (1985), "the Entrepreneur: a Capable Executive and More," *Journal of Business Venturing*, 1, 129-140.

Slevin, D. P. & J. G. Covin (1995), New Ventures and Total Competitiveness: a Conceptual Model, Empirical Results and Case Study Examples, *Frontiers of Entrepreneurship Research*, 574-588.

Smith, N. R. & J. B. Miner (1983), Type of Entrepreneur, Type of Firm and Managerial Motivation: Implications for Organizational Life Cycle Theory, *Strategic Management Journal*, 4.

Stuart, R. W. & Abetti, P. A. (1987), Start-up ventures: Towards the prediction of initial success. *Journal of Business Venturing*, 2, 215-230.

Stuart, R. W. & Abetti, P. A. (1990). Impact of entrepreneurial and management experience on early performance. *Journal of business Venturing*, 5, 151-162.

Sykes, H. B. (1986), "The Anatomy of a Corporate Venturing Program: Factors

Influencing Success", *Journal of Business Venturing*, 1, 275-293.

Tsai, W. M., I. C. MacMillan and M. B. Low (1991), "Effects of Strategy and Environment on Corporate Success in Industrial Markets," *Journal of Business Venturing*, 6, 9-28.

Utterback, J. M. and Abernathy (1975), A Dynamic Model of Process and Product Innovation, *Omega*, 3, 639-656.

Van de Ven, A. H. Hudson & D. M. Schroeder (1984). Designing new business startups: Entrepreneurial, organizational, and ecological considerations. *Journal of Management*, 10, 87-107.

Varamaki, E. (1996), the Development Process of Interfirm Cooperation of SMEs, *Frontiers of Entrepreneurship Research*, 282-296.

Venkataraman, S. & V. Ramanujam (1986), "Measurement of Business Performance in Strategy Research: A Comparison of Approaches," *Academy of Management Review*, 1986, 801-814.

Westhead, P. (1995), "Survival and Employment Growth Contrasts between types of Owner-Managed High-Technology Firms", *Entrepreneurship Theory and Practice*, 20, 5-27.

William, K. S. (1997), The Impact of Strategy and Industry Structure on New Venture Performance, *Doctoral Dissertation*, Univ. of Georgia, 170-197.

Wright, M., K. Robbie & C. Ennew(1997), "Venture Capitalists and Serial Entrepreneurs", *Journal of Business Venturing*, 12.

Zahra, S. & J. Covin (1995), Contextual influence on the corporate entrepreneurship -performance relationship: A longitudinal analysis. *Journal of Business Venturing*, 10, 43-58.

Zahra, S. (1993). A conceptual model of entrepreneurship as firm behaviour: Acritique and extension. *Entrepreneurship Theory and Practice*, 16(4), 5-21.

Zahra, S. (1996), "Technology Strategy and New Venture Performance: A study of Corporate-Sponsored and Independent Biotechnology Ventures," *Journal of Business Venturing*, 11, 289-321.

Zahran, S. (1998), Software Process Improvement, Addison Wesley, pp.83-105.

▎부 록

소프트웨어 벤처기업의 성과평가 연구를 위한 설문서

1. 귀사에서 취급하는 주요 소프트웨어 제품/기술은 다음 중 어느 것입니까?
   (   )
   ① 인터넷솔루션   ② 게임 S/W   ③ 교육 S/W   ④ 그룹웨어
   ⑤ 멀티미디어 관련   ⑥ CAD/CAM   ⑦ 자동화 S/W ⑧ 자연언어처리
   ⑨ 지리정보 S/W   ⑩ 의료 S/W ⑪ 통신 S/W   ⑫ 시스템 S/W
   ⑬ 네트워크/보안 관련 제품   ⑭ S/W개발도구
   ⑮ 기타 응용 S/W   ⑯기타(   )

2. 귀사의 주요 제품/기술을 기준으로 한 업태는 다음 중 어느 것입니까?
   (   )복수응답 가능
   ① 소프트웨어 제품개발 ② 소프트웨어 제품판매
   ③ 타사제품 최적화/번역/개선/공급 ④ 제품에 대한 자문/컨설팅
   ⑤ 소프트웨어 활용 교육 ⑥ 기타(   )

3. 발전단계로 보아 귀사는 다음 중 어느 단계라고 볼 수 있습니까? (   )
   ① **예비창업단계:** 창업절차는 마쳤으나 사업인프라를 준비하고 있는 단계
   ② **창업초기단계:** 타 기관으로부터 수주된 사업을 수행하여 초기수익을
      충당하는 단계
   ③ **초기제품단계:** 자체 개발된 첫 제품을 출시하여 영업하는 단계
   ④ **다중제품단계:** 다양한 제품을 출시하여 영업을 가속화하는 단계
   ⑤ **안정성장단계:** 업계의 선두그룹에 속하며 수익을 적립 및 재투자할
      수 있는 단계

4. 귀사의 창립년월은 언제입니까?	( )년 ( )월
5. 최초 매출발생월은 언제입니까?	( )년 ( )월
6. 사업아이디어 개념설정을 기준으로 창업준비에 소요된 기간은?	약( )년 ( )월

(1) 다음 항목은 귀사의 **주력 기술/제품과 관련된 시장환경과 그 적합성에** 관련된 문항입니다. 적당한 번호를 골라 표시해 주십시오.

항 목	매우 아니다 매우 그렇다
1) 우리 기업은 주력 제품/기술 분야가 확정되었고 이미 시장에 진출하였다.	1 2 3 4 5
2) 주력 기술/제품부문에서 우리 기업은 시장진입 시기가 매우 빨랐다.	1 2 3 4 5
3) 세분화된 시장에서 우리 기술/제품은 독특한 차별성을 갖고 있다.	1 2 3 4 5
4) 주력 기술/제품부문과 관련 분야에서 새로운 시장을 창출하는 능력을 가지고 있다.	1 2 3 4 5
5) 주력 기술/제품부문과 관련 분야는 시장의 규모가 매우 빠르게 성장하고 있다.	1 2 3 4 5
6) 주력 기술/제품부문은 시장세분화가 적절하게 이루어져 있는 상황이다.	1 2 3 4 5
7) 우리가 주력하고 있는 기술/제품부문은 시장에서 생명주기상 이미 최고 성장점을 넘어섰다고 볼 수 있다.	1 2 3 4 5
8) 이미 진출한 우리 기술/제품은 진입장벽이 높아 타 기업이 진입하기 어렵다.	1 2 3 4 5
9) 우리 기업이 주력하고자 하는 기술/제품과 관련된 부문에 진입하기 위한 장벽은 그리 높지 않다.	1 2 3 4 5
10) 관련/유사 제품 기술을 소유한 국내외 개발업체/제품이 많지 않다.	1 2 3 4 5

(2) 다음 항목은 귀사의 주력 기술/제품 부문에서 **경쟁환경과 경쟁전략 및 외부협력관계**에 관련된 문항입니다. 적당한 번호를 골라 표시해 주십시오.

항 목	매우 아니다				매우 그렇다
1) 주력 기술/제품 부문에서 국내외의 소프트웨어기업의 투자가 집중되고 공격적이다.	1	2	3	4	5
2) 주력 기술/제품 부문에서 대기업의 몇몇 제품이 경쟁에서 강자로 군림하고 있다.	1	2	3	4	5
3) 중소업체들의 저가형 제품으로 경쟁이 치열한 편이다.	1	2	3	4	5
4) 제품출시 초기상황으로 약 2-3년간은 경쟁의 위협이 거의 없을 것이다.	1	2	3	4	5
5) 귀사의 주력 제품/기술과 동일한 부문에 참여하고 있는 기업의 수는 소수이다.	1	2	3	4	5
6) 우리 기업은 가격우위보다 제품의 특화에 주력한다.	1	2	3	4	5
7) 우리 기업은 제품의 품질경쟁에서 우위를 지향한다.	1	2	3	4	5
8) 우리 기업은 시장에 선점우위를 지향한다.	1	2	3	4	5
9) 우리 기업은 가격경쟁에서 우위를 지향한다.	1	2	3	4	5
10) 우리 기업은 경쟁사의 동향이나 추격에 빠르게 예측/대처한다.	1	2	3	4	5
11) 우리 기업은 경쟁사 출현에 대비한 경쟁력을 확보하고 있다.	1	2	3	4	5
12) 처음부터 사업범위를 넓히지 않고 자신 있는 한두 개 제품에 노력을 집중한다.	1	2	3	4	5
13) 다양한 고객층을 대상으로 다양한 범위의 제품/서비스를 제공하기 위해 노력한다.	1	2	3	4	5
14) 하드웨어 종류나 시스템사양 등 플랫폼에 구애되지 않는 제품개발을 지향한다.	1	2	3	4	5
15) 우리 기업은 대고객서비스 수준을 높이기 위해 노력한다.	1	2	3	4	5
16) 우리 기업은 고객의 요구를 신속하게 예측, 제품/서비스에 반영하려고 노력한다.	1	2	3	4	5
17) 주력 기술/제품부문과 관련된 기술, 정보, 자금측면에서 대기업과 긴밀한 협력이 유지된다.	1	2	3	4	5
18) 핵심기술 및 정보습득을 위해 유관 연구소, 대학 등의 전문가와의 협력관계를 강화한다.	1	2	3	4	5
19) 유관업체와 수평적 및 수직적 협력관계나 제휴를 적극 활용한다.	1	2	3	4	5
20) 구성원과의 사적인 인맥 등 외부 네트워크를 적극 활용하여 문제점을 해결한다.	1	2	3	4	5
21) 중소기업 지원기관이나 벤처금융기관 등 외부로부터 필요한 자금이 확보된다.	1	2	3	4	5
22) 출자자와 창업자 간 마찰이나 분쟁이 없다.	1	2	3	4	5

(3) 다음 항목은 귀사의 **외부환경변화에 대한 적응**에 관련된 문항입니다.
적당한 번호를 골라 표시해 주십시오.

항 목	매우 아니다				매우 그렇다
1) 우리 기업은 고객(잠재고객 포함)층 또는 대상고객의 요구변화를 철저하게 분석하고 그 결과에 따라서 사업목표를 설정한다.	1	2	3	4	5
2) 우리 기업은 고객의 반응이 어떻게 변화하는지 추이를 철저하게 분석하고 그 결과에 따라서 사업목표를 설정한다.	1	2	3	4	5
3) 우리 기업은 핵심 제품/기술과 관련하여 변화하는 경쟁환경이나 시장 구조의 변화추이를 철저하게 분석하고 그 결과에 따라서 사업목표를 설정한다.	1	2	3	4	5
4) 우리 기업은 가격을 포함하여 수요분석 및 예측을 철저하게 수행한 결과에 따라 사업목표를 설정한다.	1	2	3	4	5
5) 우리 기업은 아이템 선정단계에서 과거 10년부터 향후 10년 정도까지 제품의 소요 추세와 경기를 전망한다.	1	2	3	4	5
6) 우리 기업은 국내외 선진 제품/기술이 어떻게 변화하는지 철저하게 분석하고 그 결과에 따라서 사업목표를 설정한다.	1	2	3	4	5
7) 우리 기업은 세계적으로 우수한 선진기업의 성과와 관련기술을 이해하기 위한 활동을 충분히 수행한다.	1	2	3	4	5
8) 우리 기업은 출현이 예상되는 기술/제품의 분석을 철저하게 수행하고 그 결과에 따라서 사업목표를 설정한다.	1	2	3	4	5
9) 우리 기업은 국내외 기술표준을 철저히 반영하거나 주도한다.	1	2	3	4	5
10) 우리 기업은 정부정책 환경변화 추이를 철저하게 분석하고 그 결과에 따라서 사업목표를 설정한다.	1	2	3	4	5
11) 우리 기업은 예기치 못한 미래의 변화에도 철저하게 분석하고 그 결과에 따라서 사업목표를 설정/수정한다.	1	2	3	4	5
12) 우리 기업은 외부 환경변화에 대한 종합적인 분석 결과가 정책수립과 집행에 적절하게 반영(feedback)된다.	1	2	3	4	5

(4) 다음 항목은 귀사의 **조직구조**에 관련된 문항입니다. 적당한 번호를 골라 표시해 주십시오.

항 목	매우 낮다				매우 높다
1) 기업 내외부에서 발생되는 문제점에 대해 조직에서 유연하게 대처하는 정도	1	2	3	4	5
2) 최대의 기능을 발휘되도록 신축적으로 구성되어 운영하는 정도	1	2	3	4	5
3) 주요 현안에 대해서 신속하고 민주적인 의사결정과 보고체계를 활용하는 정도	1	2	3	4	5
4) 관련 부서와 검토, 협의, 협조가 원활하여 의사결정이 적시에 이루어지는 정도	1	2	3	4	5
5) 소프트웨어 관련 기획, 연구개발, 프로젝트관리, 품질보증, 마케팅 등의 역할이 구성원의 전문성에 의해 수행되는 정도	1	2	3	4	5
6) 관리, 통제의 오버헤드가 최소화된 정도	1	2	3	4	5
7) 협업이 필요할 때 작업할당, 일정계획, 문제해결 및 개선을 위해 부서 간 유기적인 협조 정도	1	2	3	4	5
8) 권한이 조직단위에 적절하게 위양되는 정도	1	2	3	4	5
9) 구성원과 창업주가 제도적 및 법적, 인간적으로 구속시킬 수 있는 관계 정도	1	2	3	4	5

(5) 다음 항목은 귀사의 **실질적인 창업경영인**에 관련된 문항입니다. 숫자로 적어주십시오.

1) 귀사의 창업경영자가 현재와 같은 직종에서 근무한 경력은 얼마 입니까?	총 ( )년
2) 귀사의 창업경영자가 현재 기업을 포함하여 창업을 경험한 횟수는 몇 회입니까?	총 ( )회
3) 귀사의 창업경영자가 현재까지 경영자로서 근무한 총 년수는 몇 년 입니까?	총 ( )년
4) 창업경영자가 귀사를 창업한 당시의 연령은 몇 세이셨습니까?	( )세
5) 귀사의 창업경영자가 대학부터 포함하여 현재까지 정규교육년수는 몇 년입니까?	총 ( )년

* 귀사의 **실질적인 창업경영인**에 관련된 다음 항목에 적당한 번호를 골라 표시해 주십시오.

항 목	매우 낮다				매우 높다
6) 창업경영인의 의사소통능력	1	2	3	4	5
7) 대인관계능력	1	2	3	4	5
8) 조직통솔능력	1	2	3	4	5
9) 사업관리능력	1	2	3	4	5
10) 마케팅능력	1	2	3	4	5
11) 자금조달능력	1	2	3	4	5
12) 성취의식	1	2	3	4	5
13) 문제해결능력	1	2	3	4	5
14) 기획능력	1	2	3	4	5
15) 변화에 대응하는 유연성	1	2	3	4	5
16) 진취적 도전정신	1	2	3	4	5
17) 다른 사람으로부터 신뢰감을 인정받을 수 있도록 솔직하게 처신하는 정도	1	2	3	4	5
18) 다른 사람들과의 의리나 인정을 중요시하는 정도	1	2	3	4	5
19) 다른 사람에게 진절한 자세로 응대하는 정도	1	2	3	4	5
20) 자발적으로 자신의 시간과 물질을 통해 사회에 봉사하는 정도	1	2	3	4	5
21) 자신의 이익을 구성원이나 다른 사람과 공유하기를 선호하는 정도	1	2	3	4	5

(6) 다음 항목은 귀사의 **기업문화**에 관련된 문항입니다. 적당한 번호를 골라 표시해 주십시오.

항 목	매우 낮다				매우 높다
1) 기업의 중장기 비전이나 목표가 뚜렷이 설정된 정도	1	2	3	4	5
2) 설정된 비전이나 목표 달성에 대한 의지를 구성원들이 공유하고 있는 정도	1	2	3	4	5
3) 구성원들이 소그룹활동, 브레인스토밍, 무주제(No Topic)미팅 등에 적극 참여하고 이를 문제해결과정으로 연결시키는 정도	1	2	3	4	5
4) 창의성을 존중하는 제안제도가 실제로 활용되는 정도	1	2	3	4	5
5) 의사결정의 구조가 자율적 참여형으로 보아 적합한 정도	1	2	3	4	5

항 목	매우 낮다				매우 높다
6) 새로운 아이디어 창출을 위한 조직의 경쟁적 분위기가 조직의 활력을 가중시키는 정도	1	2	3	4	5
7) 모험적 시도나 실험이 장려되고 학습기회로서 실패가 용납되는 정도	1	2	3	4	5
8) 구성원의 기업가정신이 존중되고 불확실성과 모호성으로부터 새 로운 아이디어를 창출할 수 있는 기간과 자원이 지원되는 정도	1	2	3	4	5
9) 구성원 상호간의 신뢰와 애정 등으로 조직의 응집력이 높은 정도	1	2	3	4	5
10) 열정과 희생정신이 투철한 정도	1	2	3	4	5
11) 기업의 성과가 공정하게 평가되고 구성원에게 합리적으로 공 유되는 정도	1	2	3	4	5
12) 종업원지주제나 이익배분제도의 실행 정도	1	2	3	4	5
13) 개인 및 팀별 과업에 대한 보상체계(승진, 급여, 상여 등)가 동기부여로 연결되는 정도	1	2	3	4	5

(7) 다음 항목은 귀사의 **주력 기술/제품에 대한 특성**에 관련된 문항입니다.
적당한 번호를 골라 표시해 주십시오.

항 목	매우 낮다				매우 높다
1) 귀사의 주력 제품/기술이 국내외적으로 희소한 정도	1	2	3	4	5
2) 귀사의 주력 제품/기술이 시장에서 새로운 정도	1	2	3	4	5
3) 귀사의 주력 제품/기술 수준이 최고수준의 기업을 기준으로 격 차가 없거나 최고 선두에 있는 정도	1	2	3	4	5
4) 귀사의 주력 제품/기술이 **기존의 다른 연구자 또는 연구기관 등**의 이론, 특허, 개념 등을 소프트웨어로 구현한 정도	1	2	3	4	5
5) 귀사의 주력 제품/기술이 **자체 연구결과로 도출된 이론을 기반** 으로 소프트웨어로 구현한 정도	1	2	3	4	5
6) 개발된 주력 제품/기술이 기업 내 관련 타 제품/기술 개발에 부가가치가 높은 정도	1	2	3	4	5
7) 주력 제품/기술이 벤처기업에서 성장하기 위한 풍부한 응용 분 야를 갖는 정도	1	2	3	4	5
8) 주력 제품/기술이 다른 제품/기술에 의해 대체되기 어려운 정도	1	2	3	4	5
9) 주력 제품/기술은 다른 제품/기술에 비해 수명주기가 긴(long) 정도	1	2	3	4	5
10) 주력 제품/기술이 기술적 복잡성으로 타 기업에서 모방하기 어려운 정도	1	2	3	4	5

항 목	매우 낮다				매우 높다
11) 주력 소프트웨어 제품/기술의 원천기술 확보 정도	1	2	3	4	5
12) 관련 소프트웨어 제품/기술에 미치는 파급효과 정도	1	2	3	4	5
13) 관련 소프트웨어 제품/기술의 수입대체 효과 정도	1	2	3	4	5
14) 제품/기술의 수출에 의한 경제적 효과 정도	1	2	3	4	5
15) 관련 국제 및 국내 표준을 적용했거나 선도적 표준이 될 가 능성 정도	1	2	3	4	5
16) 기존에 시장에 없던 완전히 새로운 선도적 소프트웨어 제품 을 개발하는 정도	1	2	3	4	5
17) 기존에 존재하던 소프트웨어 제품/기술과 유사하나 점진적 향상이 있는 정도	1	2	3	4	5
18) 기존에 존재하던 소프트웨어 제품/기술과 유사하나 많은 향 상이 있는 정도	1	2	3	4	5
19) 신기술을 이용하여 기존 소프트웨어 제품/기술을 대체하는 정도	1	2	3	4	5
20) 소프트웨어 제품에서 다양한 사용자 요구기능을 포괄하는 정도	1	2	3	4	5
21) 귀사의 소프트웨어가 처리하는 정보유형의 다양성 정도	1	2	3	4	5
22) 귀사의 소프트웨어의 기능의 정확성 및 품질이 우수한 정도	1	2	3	4	5
23) 귀사의 소프트웨어의 보안 및 무결성이 높은 정도	1	2	3	4	5
24) 귀사의 소프트웨어 운영 및 유지보수가 용이한 정도	1	2	3	4	5
25) 귀사의 소프트웨어 관련 하드웨어, 소프트웨어 등과의 호환 성 정도	1	2	3	4	5

(8) 다음 항목은 귀사의 **주력 기술/제품 개발전략**에 관련된 문항입니다. 적
당한 번호를 골라 표시해 주십시오.

항 목	매우 낮다				매우 높다
1) 해당 프로젝트별로 책임자의 직위가 적절한 정도	1	2	3	4	5
2) 프로젝트관리가 관리방법론에 의해 철저히 시행되는 정도	1	2	3	4	5
3) 자체 표준 또는 외부표준을 설정하고 적용하기 위해 노력하는 정도	1	2	3	4	5
4) 문제점의 수집에서부터 해결과정이 체계화된 정도	1	2	3	4	5
5) 개발하고자 목표로 하는 제품/기술이 초기에 명확히 정의되는 정도	1	2	3	4	5

항 목	매우 낮다				매우 높다
6) 프로세스를 계량적으로 관리하려고 노력하는 정도	1	2	3	4	5
7) 개발프로세스의 지속적 개선 및 향상을 위한 노력 정도	1	2	3	4	5
8) 과거의 실패가 재발되지 않도록 개선된 프로세스에 대한 내용이 교육/훈련프로그램에 적절히 반영하는 정도	1	2	3	4	5
9) 핵심업무 처리과정이 정형화되고 새로운 표준 및 정책으로 문서화되는 정도	1	2	3	4	5
10) 문서화된 프로젝트 관련 핵심프로세스 수행절차가 실제 프로젝트에서 활용되는 정도	1	2	3	4	5
11) 출시된 소프트웨어 제품의 품질향상/유지를 위해 형상관리 등이 체계화된 정도	1	2	3	4	5
12) 경영층의 프로세스개선에 대한 의지와 지원정도	1	2	3	4	5
13) 프로젝트완료를 공식적으로 선언하는 절차가 명확한 정도	1	2	3	4	5
14) 최신의 개발도구/기법을 빠르게 개발환경으로 채택하는 정도	1	2	3	4	5
15) 투입되는 개인의 능력에 따라서 프로젝트 성공 여부가 좌우되는 정도	1	2	3	4	5
16) 기개발된 소프트웨어 컴포넌트(라이브러리)를 구성원들이 철저하게 재활용하여 생산성을 향상시키는 정도	1	2	3	4	5
17) 신기술이나 개발기법에 대한 업무지식을 구성원들이 충분하게 공유하는 정도	1	2	3	4	5

(9) 다음 항목은 귀사의 **주력 기술/제품 판매 및 활용전략**에 관련된 문항입니다. 적당한 번호를 골라 표시해 주십시오.

항 목	매우 낮다				매우 높다
1) 지속적으로 고객의견을 수집하고, 고객만족 수준을 체크하는 정도	1	2	3	4	5
2) 고객의 추가 요구사항이나 하자사항 발견시 완벽하게 처리하는 정도	1	2	3	4	5
3) 제품 관련 사용자교육이 충실한 정도	1	2	3	4	5
4) 영업과 개발이 혼연일체가 되어 대응하는 정도	1	2	3	4	5
5) 신사업을 위한 시장조사를 충분히 하는 정도	1	2	3	4	5
6)사업개시 전 및 시제품 출시 전에 제품주문이 발생하는 정도	1	2	3	4	5
7)제품출시 타이밍이 적절한 정도	1	2	3	4	5
8)거래선으로 확보된 주요 고객이 업계에서 위치가 있음	1	2	3	4	5
9)새로운 버전개발 등 제품의 품질제고 노력의 충분성	1	2	3	4	5
10)제품 성격에 맞는 광고 및 홍보전략의 실행 정도	1	2	3	4	5

항 목	매우 낮다				매우 높다
11) 제품공급망 및 협력관계 확보 정도	1	2	3	4	5
12) 수출증가를 위해 현지 기업과의 제휴 등 마케팅전략의 강화 정도	1	2	3	4	5
13) 아이디어의 수집 및 평가를 철저히 하는 정도	1	2	3	4	5
14) 제품/기술에 대한 사업성 분석을 철저히 하는 정도	1	2	3	4	5
15) 시장테스트를 위한 시험마케팅을 충실히 하는 정도	1	2	3	4	5
16) 첨단기술 상품화에 노력하는 정도	1	2	3	4	5
17) 주력제품과 관련 있는 제품 등 포트폴리오 구성이 적절한 정도	1	2	3	4	5

(10) 다음 항목은 귀사의 **인적자원**에 관련된 문항으로서, 가급적 정확한
수치를 기재해 주십시오.

	1997년	1998년	1999년	2000년 말 (예상)	비고
상근 종업원 수(인)					
S/W 부문 종업원 수(인)					하드웨어부문 등은 제외

1) 귀사의 전체 직원 중 전문가 수준의 고급인력이 차지하는 비율 은 얼마입니까?	약 ( )%
2) 전체 직원이 해당 직종에서의 평균 근무경력은 얼마입니까?	약 ( )년

* 귀사의 **인적자원**에 관련된 다음 항목의 적당한 번호를 골라 표시해 주십시오.

항 목	매우 낮다				매우 높다
3) 구성원이 보유하고 있는 지식, 노하우, skill 등이 경쟁기업 대 비 우수한 정도	1	2	3	4	5
4) 구성원이 핵심 업무에 대한 지식 및 학습내용의 이해 정도	1	2	3	4	5
5) 회사의 핵심 기술/제품과 관련된 분야 위주로 전문인력의 적 절한 매핑 정도	1	2	3	4	5
6) 소프트웨어 개발공정(분석, 설계, 프로그래밍, 테스트, 문서작 성, 기술지원 등)별로 인력이 적절하게 구성되는 정도	1	2	3	4	5

(11) 다음 항목은 귀사의 **연구개발 능력**에 관련된 문항입니다. 가급적 정확
한 수치를 기재해 주십시오.

		1997년	1998년	1999년	2000년 말 (예상)	비고
S/W 관련 연구개발	연구개발인원 (인)					
	연구개발비 규모 (천만 원)					
	R&D 중 시설비 비중(%)					비용, 인건비 등은 제외
	R&D 중 교육/훈련비 비중(%)					비율만 기재시 ( )속에
S/W 관련 특허	특허출원건수					
	특허등록건수					
S/W제품/ 서비스 유형 수	출시된 전체 S/W제품유형건수					
	주력S/W제품 유형 수					
	등록S/W제품 유형 수					

* 귀사의 **연구개발 능력**에 관련된 문항입니다. 적당한 번호를 골라 표시해
주십시오.

항 목	매우 낮다				매우 높다
1) 귀사의 핵심역량이 연구개발에 집중되는 정도	1	2	3	4	5
2) 제품의 기획 및 설계과정이 긴밀하게 연계된 정도	1	2	3	4	5
3) 신제품에 대한 기회포착 및 연구개발 속도가 빠른 정도	1	2	3	4	5
4) 창조적인 분위기에서 연구/개발이 수행되는 정도	1	2	3	4	5
5) 연구개발 조직 및 팀 편성이 연구/개발 수행에 적합한 정도	1	2	3	4	5
6) 근무시간이 연구/개발에 효과적으로 활용되는 정도	1	2	3	4	5
7) 신개발에 소요되는 시설/도구가 충분히 확보되는 정도	1	2	3	4	5
8) 외부 연구프로젝트 또는 외부로부터 연구비가 충분한 수준으로 확보되는 정도	1	2	3	4	5
9) 외부의 연구프로젝트/연구비 확보가 자사의 핵심기술 연구/개발에 연계되는 정도	1	2	3	4	5

(12) 다음 항목은 귀사의 **지적자산**에 관련된 문항입니다. 가급적 정확한 수치를 기재해 주십시오.

		1997년	1998년	1999년	2000년 말 (예상)	비고
총매출액 (천만 원)						비율 기재시 ( )에
S/W부문 매출액 (천만 원)	S/W부문 총매출액 (천만 원)					
	매출액 중 주력S/W제품 매출액 (%)					
	특허관련 S/W제품 매출액(%)					
	S/W제품 수출 매출액(%)					
외부S/W 프로젝트	완료건수					
	금액 (천만 원)					
S/W부문 외부 표창 및 수상건수						

* 다음 항목은 귀사의 **지적자산**에 관련된 문항으로, 적당한 번호를 골라 표시해 주십시오.

항 목	매우 낮다				매우 높다
1) 특허(저작권, 상표권 등) 확보 정도	1	2	3	4	5
2) 사업에 필요한 인허가, 자격 등의 확보 정도	1	2	3	4	5
3) 사업에 수행상 기본적인 납품실적 및 사업실적 등의 확보 정도	1	2	3	4	5
4) 팀조직의 역량 공유 및 보상을 위해 지출되는 비용이 증가되는 정도	1	2	3	4	5
5) 사내 지식데이터베이스의 축적량이 증가된 정도	1	2	3	4	5
6) 축적된 지식데이터베이스의 품질이 증가된 정도	1	2	3	4	5
7) 지식데이터베이스를 공유하는 사례가 증가된 정도	1	2	3	4	5
8) 지식데이터베이스의 활용으로 기업 매출 및 순익증대에 기여한 정도	1	2	3	4	5
9) 제품/기술에 대한 일반인들의 선호도 및 평판 정도	1	2	3	4	5
10) 기업이미지에 대한 일반인들의 선호도 및 평판 정도	1	2	3	4	5
11) 제품/기술에 기반한 사업모델이 선행기술과 벤처기업으로서의 차별화 또는 혁신적인 정도	1	2	3	4	5
12) 사업모델에 참여자의 역할과 참여자에게 확보되는 이익 및 부담해야 할 비용이 구체적으로 정의된 정도	1	2	3	4	5
13) 참여자에게 확보되는 이익이 장기적이고 지속적으로 확보되는 정도	1	2	3	4	5

(13) 다음 항목은 귀사의 **고객관점에서의 경영성과**에 관련된 문항입니다. 경쟁
기업과 상대적인 수준을 기준으로 적당한 번호를 골라 표시해 주십시오.

항 목	매우 낮다 　　　 매우 높다
1) 시장규모의 성장 대비 귀사의 고객확보율이 증가된 정도	1　2　3　4　5
2) 귀사의 매출증가 대비 시장점유율이 증가된 정도	1　2　3　4　5
3) 귀사의 전체 고객수 대비 3년간 신규 고객수가 증가된 정도	1　2　3　4　5
4) 고객과 관계를 유지하는 평균기간이 증가된 정도	1　2　3　4　5
5) 동일 고객으로부터의 신제품 주문비율이 증가된 정도	1　2　3　4　5
6) 귀사의 고객만족도가 증가된 정도	1　2　3　4　5
7) 잠재고객의 문의/방문/설명요청 등이 증가된 정도	1　2　3　4　5
8) 내부 고객의 만족도가 증가된 정도	1　2　3　4　5
9) 창업경영자 입장에서의 만족도가 증가된 정도	1　2　3　4　5
10) 고객지향적 사회봉사에 참여하는 양적 질적 기여의 증가 정도	1　2　3　4　5

(14) 다음 항목은 귀사의 **재무관점에서의 경영성과**에 관련된 문항입니다.
가급적 정확한 수치를 기입해 주십시오.

		1997년	1998년 말	1999년 말	2000년 말 (예상)	비고 (단위: 천만 원)
자본금 총액						
자본	자기자본					=불입자본금+법정준 비금+잉여금
	유동부채					1년 이내에 변제하는 차입금 =지불어음+외상매입 대금+단기차입금
	고정부채					1년 이후에 변제해도 되는 차입금

		1997년	1998년 말	1999년 말	2000년 말 (예상)	비고 (단위: 천만 원)
이익	매출총이익					= 매출액 - 매출원가
	영업이익					= 매출총이익 - 판매비 - 일반관리비
	경상이익					= 영업이익 - 영업 외 손익
	순이익					
자산	고정자산					1년 이상 고정되어 있는 자금 = 유형고정자산 + 무형고정자산 + 투자 등
	유동자산					1년 이내에 현금이 되는 예정자산 + 현금 + 유동성 예금

(15) 다음 항목은 귀사의 **프로세스관점에서의 경영성과**에 관련된 문항입니다. 경쟁기업과 상대적인 수준을 기준으로 적당한 번호를 골라 표시해 주십시오.

항 목	매우 낮다 매우 높다
1) 제품 개발이 정해진 비용, 기간 내에 성공적으로 완료되는 정도	1 2 3 4 5
2) 주력 제품/기술의 품질수준에 대한 국내외 인증을 획득한 실적이 우수한 정도	1 2 3 4 5
3) 주력 제품/기술의 품질수준이 선진업체와 비교시 높은 정도	1 2 3 4 5
4) 주력 제품/기술의 시험단계에서 검출되는 불량률이 최소인 정도	1 2 3 4 5
5) 주력 제품/기술의 활용단계에서 고객 불만/하자사항의 발생률이 최소인 정도	1 2 3 4 5

(16) 다음 항목은 귀사의 **학습 및 성장관점에서의 경영성과**에 관련된 문항입
니다. 경쟁기업과 상대적인 수준을 기준으로 적당한 번호를 골라 표
시해 주십시오.

항 목	매우 낮다				매우 높다
1) 국내외에 자체 기술을 이전 및 판매하는 사례가 증가된 정도	1	2	3	4	5
2) 시장 및 고객에 정통한 전문가가 기업 내에 증가하는 정도	1	2	3	4	5
3) 제품/기술개발에 경쟁력을 보유한 전문인력이 기업 내에 증가 하는 정도	1	2	3	4	5
4) 문제해결을 위해 추측보다는 과학적이고 자료나 정보에 의해 체계적인 접근방법을 활용하는 정도	1	2	3	4	5
5) 업무수행 방법이 지속적으로 창조적인 방향으로 개선되며, 관 행이 아닌 새로운 실험이 시도되는 정도	1	2	3	4	5
6) 과거 경험과 타 기업의 Best Practice(최고 사례)를 분석하고 기업의 실정에 맞게 채택하여 정착시키는 정도	1	2	3	4	5
7) 습득/체득된 신지식이 조직전체로 신속하고 효율적으로 전파 되어 적용되는 정도	1	2	3	4	5
8) 기업성공과 부합되는 방향으로 업무의 전반적인 혁신이 이루 어지는 정도	1	2	3	4	5
9) 시장의 변화방향과 일치되는 방향으로 업무의 전반적인 혁신 이 이루어지는 정도	1	2	3	4	5
10) 혁신을 통해 기업성과 차원에서 목표달성에 기여하는 정도	1	2	3	4	5
11) 보유하고 있는 기술의 상품화에 효과적인 혁신이 이루어지는 정도	1	2	3	4	5
12) 혁신이 기업내부에서 자발적으로 이루어지는 정도	1	2	3	4	5
13) 혁신이 성공기회가 많은 분야에서 이루어지는 정도	1	2	3	4	5
14) 중요한 성공기회를 포착하도록 적시에 혁신이 이루어지는 정도	1	2	3	4	5
15) 혁신을 통해 시장에서 귀사가 차지하는 지위를 높이는데 성과 를 나타내는 정도	1	2	3	4	5

(17) 다음 항목은 귀사의 **경영성과에 관한 종합적 평가**에 관련된 문항입니다. 경쟁기업과 상대적인 수준을 기준으로 적당한 번호를 골라 표시해 주십시오.

항 목	매우 아니다				매우 그렇다
1) 우리 기업은 타 기업에 비해서 이미 성공한 기업이다	1	2	3	4	5
2) 우리 기업은 타 기업에 비해서 현재 우수한 성과를 내고 있다	1	2	3	4	5
3) 우리 기업은 타 기업에 비해서 우수한 성공잠재력을 보유하고 있는 기업이다	1	2	3	4	5

(18) 다음 항목은 귀사의 **주가**에 관한 문항입니다. 비상장 기업의 경우 상장된 것으로 가정하고, 경쟁기업의 주가와 비교하여 추정치로서 적당한 숫자를 기재해 주시기 바랍니다.

주식	1997년	1998년	1999년	2000년 말 (예상)	비고
연중 주당 평균거래시가 (원)					상장 여부 (상장,비상장)
총주식 수(주)					

♡ 바쁘신 가운데도 지금까지 성실히 설문에 응답해 주셔서 대단히 감사합니다. 이 응답으로 본 연구의 수행에 큰 도움이 될 것입니다. 다시 한번 감사드립니다.

▌ 찾아보기

(ㅋ)

(ㅍ)

(ㅎ)

❧ 저자소개 ❧

조형래

• 약 력 •

한국과학기술원 부설 과학기술연구평가센터(현 STEPI) 연구원
한국과학기술원 경영과학과 경영과학 박사
현재 경원대학교 경상대학 경영학과 교수로 재직 중

• 주요논저 •

『창업인의 특성, 제품혁신성과 벤처기업성과간의 상황적 관계』
「The Relationship between an Entrepreneur's Background
 and Performance in a New Venture」
「벤처사업의 활성화를 위한 인프라의 개선방안」
「새로운 창업교육의 방향」
외 창업론, 연구개발관리 등에 관한 여러 편의 논문 다수

안연식

• 약 력 •

국민대학교 경상대학 정보관리학과 박사
한국전력공사 정보처리처 과장 및 한전KDN(주) 컨설팅사업부장 역임
현재 경원대학교 경상대학 경영학과 교수로 재직 중

• 주요논저 •

「An Empirical Research on the Software Project Measures Model」
「국내 소프트웨어 사업자의 프로세스 기반구조 구축 및 개선방안 연구」
「The Software Maintenance Project Efforts Estimation Model
 based on Function Points」
「소프트웨어 벤처기업의 성과에 영향을 미치는 요인에 관한 실증연구」
『프로젝트 관리』
『정석 MS-SQL 실무』
『비즈니스와 인터넷』
『정보처리기술사 합격토픽260』
외 다수

소프트웨어 벤처기업 원가론

소프트웨어업체의 경쟁력 평가

- 초판 인쇄   2007년 5월 31일
- 초판 발행   2007년 5월 31일
- 지 은 이   조형래 · 안연식 공저
- 펴 낸 이   채종준
- 펴 낸 곳   한국학술정보㈜
          경기도 파주시 교하읍 문발리 526-2
          파주출판문화정보산업단지
          전화   031) 908-3181(대표) · 팩스   031) 908-3189
          홈페이지 http://www.kstudy.com
          e-mail(출판사업부)   publish@kstudy.com
- 등   록   제일산-115호(2000. 6. 19)
- 가   격   13,000원

ISBN   978-89-534-6789-7 93320 (Paper Book)
       978-89-534-6790-3 98320 (e-Book)